マックス=ホルクハイマー

ホルクハイマー

• 人と思想

小牧　治 著

108

CenturyBooks 清水書院

ホルクハイマーとの出会い

フランクフルト大学への留学

わたしは、一九六二年の秋から六三年の冬にかけ、約一年二か月、西ドイツ、マイン河畔のフランクフルトで暮らすことになった。西欧市民社会、とくに西ドイツの市民生活ないし精神的風土と哲学思想との関連を見るために。そして当然、フランクフルト大学（正しい名は「ゲーテ大学」）で、あれこれの講義、とくに哲学に関するそれを聴くことにした。

最初、西ドイツで勉強することが決まったとき、主たる研究地をどこにしようか、と決めかねていた。そんなおり、すでにフランクフルト大学に留学して帰国していたさる同僚が、フランクフルト大学に、ホルクハイマーとアドルノを中心とした「批判理論」をかかげる社会哲学の学派があり、カント（一七二四〜一八〇四）、ヘーゲル（一七七〇〜一八三一）、マルクス（一八一八〜八三）などの伝統を受けながら、時代批判のきびしい新理論を展開していることを教えてくれた。当時のわたしの関心にぴったりだったので、恩師の坂崎侃先生に相談に行ったところ、先生は即刻ある研究誌を取りだして見せて下さった。それには、ホルクハイマーの「唯物論と道徳」という論文が載っていた。この研究誌は、当時のわたしには未知であったが、後ほど触れるかの有名な、社会研究所の機関誌『社会研究誌』の一冊であった。坂崎先生の授業は、箴言《しんげん》的・警句的で、難解なことで有名であったが、先生は、すでに早くからこの「批判理論」に着目され、一九三〇年代から四〇年代にかけての動乱期に対処されていたようである。後々このフランクフルト学派の「批判理論」を研究するにつれ、先生の先見性に敬意を深くしたのであった。

が、それはともかく、わたしは以上のような経過で、フランクフルトで勉強することを決心したのである。

出会い

フランクフルトに滞在することになり、大学の外国人係を訪れ、かねて依頼してあった聴講の申し出をした。ホルクハイマーやアドルノ（ホルクハイマーの思想的同志）の授業を聴きたい、と。すると係長は、なるべくホルクハイマーの方を聴くようすすめてくれた。あとで考えてみると、わたしのたどたどしいドイツ語では、難解なアドルノの講義などこの男にはとても無理で、まだしもホルクハイマーの方が少しはよかろうと思ったようでもあるし、あるいは、学長までしたホルクハイマーの温厚な人柄にもとづいてすすめたようでもある。あとでわかったことだが、ホルクハイマー研究の記録によると、わたしが滞在した一九六二、三年ごろは、彼はすでに定年退官してスイスのルガノ湖畔にいたはずだが、掲示板や講義名簿によると、哲学・社会学の正教授としてアドルノと並記され、唯物論史の講義などをしていた。定年後、委託によって、哲学・社会学の講義を担当していたようである。

ともあれ、こうしてわたしは、ホルクハイマーの講義を聴くことになった。大きな階段教室の片すみで小さくなって、耳を傾けた。もちろんその内容が理解できるわけでもない。が、そのうちだんだん厚かましくなって、前の方に席をとるようになった。その方が少しは理解できるかも知れないと思ったからである。しかし、書物で読みなれた哲学用語が耳に入ってくる程度で、われながらあらためてドイツ語聴取力の弱さを嘆くのであった。それでも、多くの学生を引きつけ、「批判理論」をかかげるフランクフルト学派のいわば創設者ないし総師として、今や世の新しい注目を受けている老哲学者の風貌に身近に接している喜び、あるいは誇りのようなものを感じながら、自己の無力を慰めていた。

アドルノと第二世代

ホルクハイマーとあの一九三〇年代、四〇年代の苦難を共にした同志、アドルノの講義も聴講した――きわめて難解――。二人の話しぶりは対照的であった。ホルクハイマーは、いかにも好々爺らしく、やや前かがみになって、ジェスチャーを交えながら講義をしていくのに対し、アドルノは直立不動で、眼光するどく、前方をにらむようにしてまくしたて、いかにも不屈の理論的闘士を思わせるものがあった。アドルノが同僚に恐れられたのに対し、ホルクハイマーが親しまれたのも、両者それぞれのこういう風貌によるところも無きにしもあらずであろう。

なお、ホルクハイマー、アドルノのあとを継ぐ第二世代のフランクフルト学派として、「コミュニケイション理論」などで今日有名なユルゲン＝ハーバーマスは、まだたしかハイデルベルク大学にいたし、『マルクスの自然概念』などの著があり、ホルクハイマーの『批判理論』を編集したアルフレート＝シュミットは、当時、哲学教室の助手として、ホルクハイマーやアドルノの講義の録音をとっていた。

ゼミナールの思い出

講義のほか、忘れられない思い出は、ゼミナールのことである。六三年の夏学期、わたしは、ホルクハイマー、アドルノ両教授によるゼミナールに列席した。理解しうるはずはないのであるが、何でも見てみよう、体験してみよう、といった気持ちで傍観したわけである。ゼミナールといっても、それは両教授を中心にした、研究会のようであった。中央の席に両教授がすわり、その左右に、助教授（員外教授）とか助手（シュミット君もいた）をはじめ、若手の研究者が並ぶのである。五〇人あまりの参加で、演習室に当てられた図書閲覧室はいっぱいである。テキストには、カントの『純粋理性批判』が使われていた。わたしは一番後ろの片すみで、聴講というよりも見物をしていた。まさに見物！なのである。『純粋理性批判』は、わたしにはなじみ深い書なのだが、討論参加はもちろん、討論内容の聴取もできかねるわたしは、小さくなって様子をうかがうといったありさまであった。あのカントの難しい長い文を、女子学生が、実にきれいに読んでいくのを聞き、流ちょうなフランス語に比較していかにもごつごつしたドイツ語も、こんなになめらかできれいなものかと、聞きほれていた。そして教授の説明や討論がなされるのであるが、そうなると、それこそ遠慮会釈もない、すごく早口のドイツ語で問答がなされるのである。しかも、ホルクハイマー、アドルノの両教授が、「ヤー、ヤー！」（そうだ、そうだ）、「ナイン、ナイン！」（違う、違う）、「ドッホ……」（いややっぱりそのとおりで……）と言い合いながら討論するのには驚いてしまった。二人の教授が一つのゼミナールを担当して、忌憚《きたん》なく議論しあうことなどは、日本では見られない光景である。

勉強を助けてくれた人たち

こうした状況のなかにあって、わたしは、わたしの勉強を助けてくれたあれこれの友を忘れることができない。その一人は、学友のM＝プダー君である。わたしがホルクハイマーやアドルノの講義を聴いているとき、いつもそばの席にやってくる一人の学生がいた。絶えず手紙のようなものを読んでいる。ぬすみ見ると、どうもローマ字で書かれた日本文のようである。わたしの注目に気づいた彼の物語はこういうことであった。大変な親日家の彼は、休暇を利用して日本にやってきた。日本語のわからない彼は、箱根で、さる若い日本女性から大変な親切を受けた。ドイツ語のわからない彼女が、どうして彼の困惑を理解したのか不可思議だが、とにかく彼を案内したうえ、横浜のドイツ船にまで送りとどけた。その親切が忘れられず、彼は帰国後、在日中に覚えた片言の日本語で、彼女と文通をはじめた。彼の持っていた手紙は、その彼女からきたローマ字日本文のものであった。そして彼は、よき日本人を知りえたとばかり、その日本文の手紙のドイツ語訳をわたしに依頼してきた。こうして、わたしはプダー君と知り合いになった。

その後彼は、ホルクハイマーやアドルノの講義後、わたしをメンザ（学生食堂）へ連れこんで、その日の講義内容を質問して、どうせ答えられないわたしに、ゆっくりとていねいに、ときにはわたしのノートにその内容の一部を書いて説明してくれるのであった。学期が終わると、休暇中に、次の学期のためこれこれを読んでおくようにとの指示もしてくれた。さらにわたしが日本へ帰った後も、その後のホルクハイマーやアドルノの講義内容の要項を書き送ってくれた。ホルクハイマーやアドルノを語るとき、同時に忘れえぬわが友であり、わが師であった。

『啓蒙の弁証法』

いま一人、日本語のできる中国人学生のY＝H＝シェン君には、気楽にあれこれ助けてもらった。とくに読みたかった本に、今日有名なホルクハイマー、アドルノの共著『啓蒙の弁証法』があった。が、当時絶版で手に入らなかった。シェン君は、どこからかで借りてきてくれた。「何ゆえに人類は、真に人間らしい状態へ進むかわりに、一種の新しい野蛮へ落ちこんでいくのか」という、序言のはじめに出てくる言葉に大きなショックを受け、限られた期間に夢中で拾い読みしてノートした。もちろん十分理解はできなかったが。日本に帰ってから、この本の海賊版が出ているとの噂も耳にしたが、数年後ようやく新版が世に出ることになり、それを入手しえた。じらい今日まで、この本と取り組んでいる。今やホルクハイマーもアドルノもこの世にはいないのであるが、この本を手にするごとに、かつてのあの元気な姿、あの警世的哲学を説く声が、ほうふつとしてくるのである。二人とも裕福な家庭に生まれたとはいえ、ユダヤ系ドイツ人であった。それゆえに第二次世界大戦をはさんでこの二人が辿った波乱と苦難は、並々ならぬものであった。わたしは、それをしのび、そこに育まれたきびしい時代批判の思想——まさに人類が月に到達したほどの科学の進歩にもかかわらず、人類滅亡の危機をさえはらむ野蛮にさらされている今日的状況を先取した思想——を探究し、普及させなければならない衝動に駆られて、この著を書くことになった。

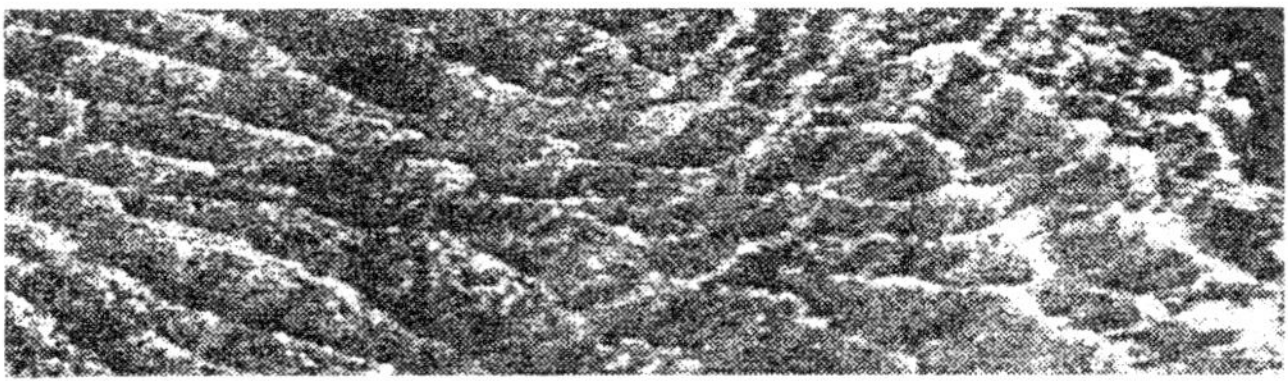

目　次

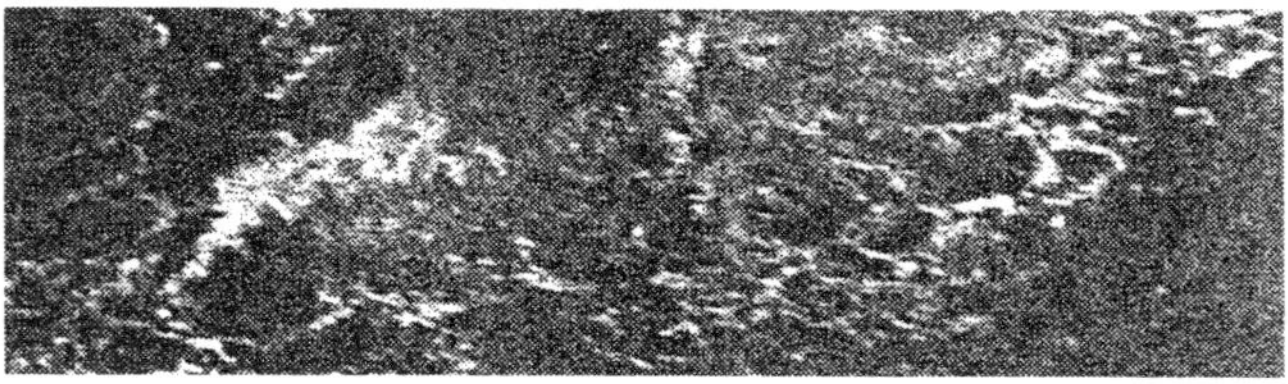

ホルクハイマー関係地図(1)

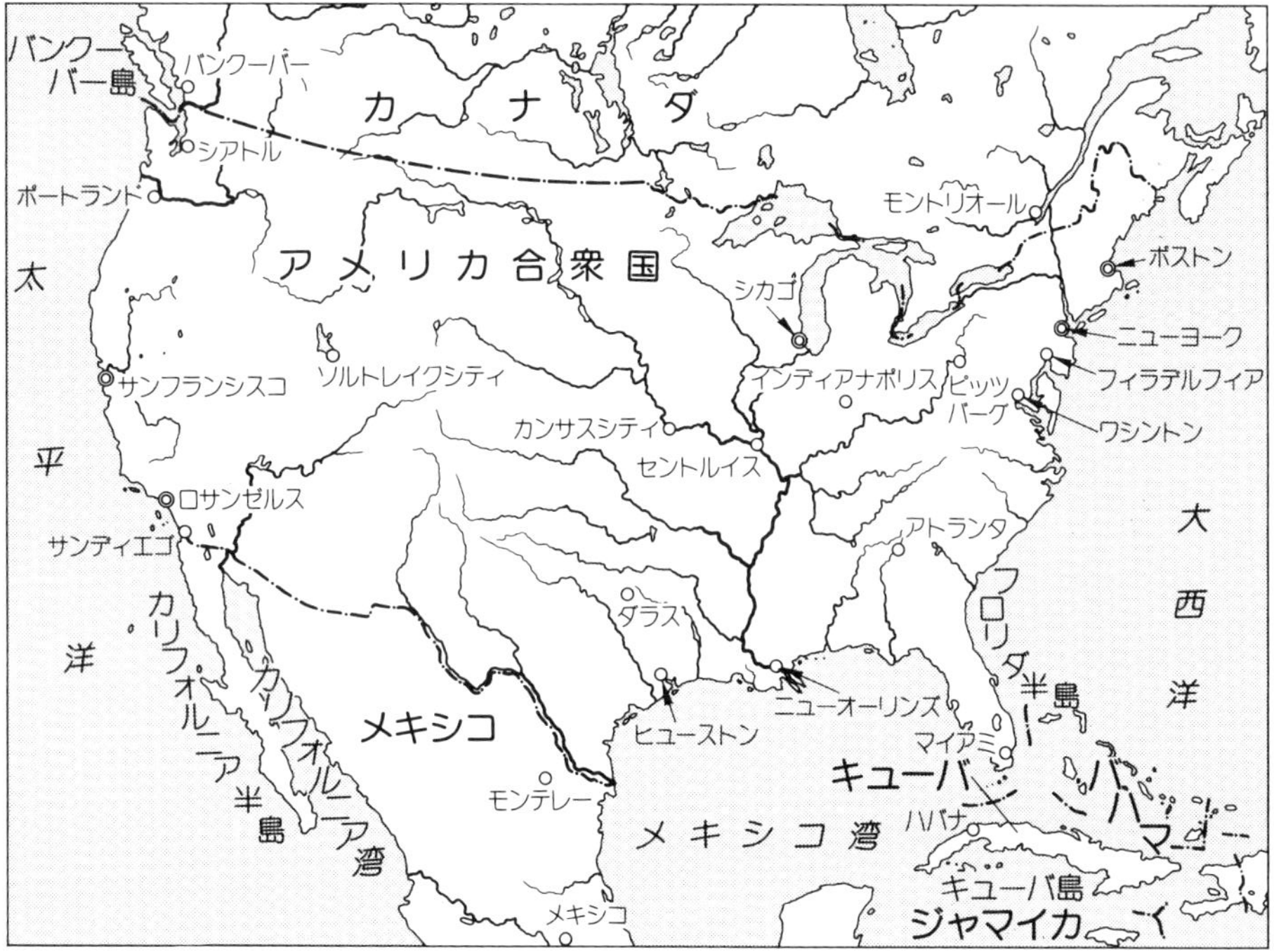

ホルクハイマー関係地図(2)

I

哲学者への歩み

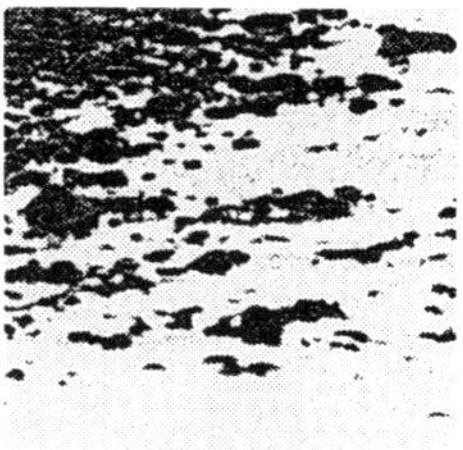

家庭と青春時代

生誕の町と家庭の雰囲気

一八九五年二月一四日、マックス゠ホルクハイマーは、今日西ドイツの南方シュツットガルトの郊外になっているツッフェンハウゼンで生まれた。富裕なユダヤ系ドイツ人の織物製造業者で商工業顧問官、モーゼス゠ホルクハイマー（通称モーリッツ）とバベッテ゠ラウヒハイマーの間の子として。シュツットガルトは、自覚的な市民精神のある魅力的な都市であり、そこにはユダヤ教会もあった。ユダヤ的な家庭の雰囲気は、後述のごとく、マックス゠ホルクハイマーの思想のうえに深く影を落とすのではあるが、プロテスタントやカトリックのキリスト教に対しても寛容さがあり、尊敬が向けられていた。しかし、苦悩や不正や権力に対する抵抗の精神、正しいものへのあこがれ、思想やイデオロギーの体系化・ドグマ化に対する、あるいは全体的なものに対するきびしい批判的精神など、ホルクハイマーの批判的哲学は、ユダヤ教ないしユダヤ的伝統を源泉とするのである。正義への意思、いっさいの全体的なものに対する敵意は、ユダヤ人に固有のものであった。

製造業をこととする父は、当然のことながら、損得の計算にきびしく、父の権威を象徴するような人柄であった（後ほどホルクハイマーが『権威と家族に関する研究』を共同で著すにいたったのも、こ

↑　ホルクハイマーの両親

←　シュツットガルトの生家

ういう父の権威に対する体験があったからであろうか)。

この父に対して、母の愛は、対照的なものであった。父の権威的なふるまいが、ホルクハイマーの批判の対象であったとすれば、母の愛は彼のあこがれた別の世界のシンボルのごときものであった。

生涯の友人ポロック　青少年時代のホルクハイマーにとって重要な存在となるのが、父母のほか、友人のフリードリヒ＝ポロック(ホルクハイマーより九か月年長、一八九四～一九七〇)である。皮革品製造業者の息子であるポロックは、同じくユダヤ系ではあるが、彼の父がユダヤ主義に対して批判的であったところから、ポロックもユダヤ的な派閥に対して批判的であった。一人息子のホルクハイマーは、ギムナジウム(九年制の中・高等学校)を六年で中退(一六歳)、徒弟として父の工場で働くことになったが、その頃ポロックと知り合いになるのである。後ほどフランクフルト大学で知り合いになるアドルノとホルクハイマーの友情が、とくに思

13歳の頃のホルクハイマー

想上での同志的なものであったのに比し、ホルクハイマーとポロックとの交友は、一九七〇年（ホルクハイマー七五歳）にポロックが死去するまで続いた、私生活をもふくめての深い友情であった。若い二人の友情は、ヒューマン的な情熱、世から何の理解も示されない弱き者に対する同情、権威的・伝統的な家庭的慣習に対する批判、に裏づけられていた。

二人はいっしょに、イプセン、ストリンドベリ、ゾラ、トルストイなどの文学を読んだ。ホルクハイマーに新しい世界が開かれたのである。彼は、現存するものに対する不安、あるべきものへのあこがれのようなものに駆られて、心の動揺を禁じえなかった。

歩みはじめた哲学への道

父によって、商売の見習い修行のため外国（ブリュッセル）へ送られたことは、彼にとってまさに救いであり、解放であった。多感な一七歳のときのことである。しかも、それも友人ポロックとのいっしょの旅であり、同じ住居での生活であった。一九歳までのわずかな期間ではあったが、とにかく二人は、つねに利害打算につきまとわれるという職業上の強制から解放されて、自由な青春を味わうことができた。二人は、スピノザの『エティカ（倫理学)』、カントの『純粋理性批判』、ショーペンハウアーの『処世箴言』などを読んだり、議論したり、あこがれの世界を夢みたりして、哲学への道を歩みはじめたのである。ホルクハイマーの哲学は、若き頃のこうしたカントやショーペンハウアーの読書によって培われていったものともいえるのである。

一九一四年七月、二人はツッフェンハウゼンに帰ってきた。ちょうどそれは、第一次世界大戦が勃発したときであった。ホルクハイマーは、根底的に戦争に反対し、自己の意思、自己の知識欲にもとづき、不正や偽善や独善にうち勝ち、困っている人を助けようとするヒューマン的な愛に生きようとした。

ポロック

自由な精神のフランクフルト大学

横道にそれるが一九一四年といえば、後にホルクハイマーが学ぶことになり、教授として活躍することになるフランクフルト大学(この地が文豪ゲーテの生誕地であることにちなんで、ゲーテの死後百年にあたる一九三二年以来、正式の名を「ゲーテ大学」とした)が設立された年である。この大学の理念は、設立の歴史が示すごとく、自由な市民的・科学的精神であった。たとえプロセイン治下にあったとはいえ、大学の根本規定は自由な精神にもとづく

ホルクハイマーとローザ＝リークヘア

多くの特色を持っていた。この大学が、設立に関して国家の援助を受けなかったこと、むしろ自由な市民精神がこの大学の担い手であったことなどは、プロセイン治下のほかの大学と異なるところである。ホルクハイマーを中心にして、「批判理論」をかかげるいわゆるフランクフルト学派が拠りどころとした「社会研究所」は、この大学の付属機関であった。

愛の芽生え

話をホルクハイマーのことにもどすが、二一歳の誕生日を迎えた彼にとって、一つの大きな決定的事件が訪れた。それは、父の私設秘書をしていた二九歳のローザ＝クリスティーネ＝リークヘアとの愛の芽生えである。彼女は、シュツットガルトのホテル経営者と英国婦人との間の娘であった。が、生家の破産のため、彼女は職に就いて働かねばならなかった。二一歳の若社長の誕生日に当たり、彼女は、二一本のバラの花を贈った。それが彼に対する彼女の愛の表示であることを忠告したのも、ポロックであった。しかし、八歳も年上の破産者の娘は、由緒ある裕福なホルクハイマー家にはおよそふさわしからぬ嫁であった。やがて彼女は、ホルクハイマー家を去って行くのであるが、ホルクハイマーは、彼女の生活のために心配もしてやった。二人が結婚するまで、父との確執は一〇年にも及ぶのであるが、その間ホルクハイマーを励ましたのは、やはりポロックであった。ホルクハイマーは、一面では彼女――彼は彼女を「メドン」(Maidon) と愛称していた――との愛を自由のため、他面では父の権威からの解放のため、求めたのである。

ドイツ帝国の崩壊とマルクス主義への道

ときは、第一次世界大戦の最中である。ホルクハイマーは、反戦的であったとはいえ、意に反して兵役に就かねばならなかった。一九一六年、二一歳のときである。一九一八年、西部戦線でのドイツ軍大攻撃が失敗に帰し、トルコ、ブルガリアが降伏し、オーストリアが単独休戦条約を結ぶといった状況のなかで、日常生活の悪化とともに国民の反戦気分は濃くなっていった。一一月、キール軍港の水兵の反乱をきっかけに革命運動の高まりが全国に波及し、各地に労働者や兵士の評議会（レーテ）がつくられた。こうした力の背景のもと、皇帝ヴィルヘルム二世は退位してオランダへ亡命し、社会民主党を中心とした新政府のもとドイツ共和国が誕生し、連合国との休戦協定によって大戦は終了するのである。ホルクハイマーは戦線には行かなかったが、ミュンヘンでドイツ帝国の崩壊を体験したのであった。それは、彼には、父からの、そしてまた国家なるものの権威からの徹底的な解放のようにも思われた。彼ははじめてマルクスを読んだ。そこに、ショーペンハウアーに似たするどい批判を見たのである。軍隊、警察、工場主といった権威も退場した。やがて成立したミュンヘン評議会共和国において、ホルクハイマーは、強い力としてのマルクス主義を発見するのである。それは、最悪の世界のなかにおいて、よりよき世界への彼の期待を正当化するものであった。世界は転換する。その転換の軸となるものは社会である。彼は今やその社会を発見した。こうして、若きホルクハイマーの転換がもたらされたのである。社会の力、そしてそれを理論づけるマルクス主義。ホルクハイマーには、新しい道が開けてきたのである。

大学生活と哲学者への道

アビトゥア合格

ホルクハイマーは、ミュンヘンでポロックとともに外来受験生としてアビトゥアに合格し、大学での研究をめざした。アビトゥアというのは、九年制のギムナジウム（中・高等学校）の終了試験のことで、その合格は、同時に大学への進学条件であった。ギムナジウムを六年で退学したホルクハイマーには、大学で勉強するためにこのアビトゥア合格という関門が必要だったのである。もちろん大学での彼のさらなる勉強は、一一月革命での彼の発見ないし決心が示すごとく、いわゆるアカデミックな道を歩もうとするものではなかった。それは、よりよき世にしようとの実践的意図に裏づけられていたのである。

心理学を中心にした勉強

ミュンヘン大学で一ゼメスター（学期）を終えると、彼は、新設後数年のフランクフルト大学へ入学し（アビトゥアに合格した者は、ドイツのどの大学にも自由に入学できた）、心理学を中心にして、哲学や経済学を聴講した。そこでの心理学の教授、A＝ゲルプとF＝シューマンは、いわゆるゲシュタルト心理学の代表者であった。従来の心理学は、心的現象をそれ以上分割できない要素をもとにしてその結合・構成で説明しようとした、要素心理学またはモザイク心理学といわれるものであった。これに対し、ゲシュタルト心理学（あるいは形態心理学）といわれるものは、部分をただ集めても形にまとまるとは限らないとし、形（それぞれの特色を持った全体）の優位を指摘する。全体の場での各部分の相互的な動的・力学的関連を強調し、形を有機的統一としてとらえ、そのもとで心理現象を説明しようとするのである。それは、社会現象を全体的にとらえようとするホルクハイマーの視点にマッチするものであったといえよう。実証主義のアトム的な分析的思考を批判し、全体的にものごとを考えようとする後ほどの論文には、このゲシュタルト心理学の痕跡をうかがうことができよう。

哲学の正教授は、H＝コルネリウス（一八六三～一九四七）であった。彼は数学、自然科学（とくに化学）から哲学に入り、心理学を哲学の基礎とし、文学・絵画・音楽などにもたけた多才な哲学者であった。後には新カント哲学者となり、経験主義とカント哲学とを結びつけようとした。当時、カントに関する著作も世に出していた。リベラルな開かれた心の持ち主で、大学にも社会にも批判的な、いわばワイマール共和国における非唯物論的な左翼といった存在であった。

フライブルク大学のフッサールのもとへ

ホルクハイマーは、まもなく、コルネリウスの推薦状をもってフライブルク大学へおもむき、E＝フッサール（一八五九～一九三八）の講義を聴くことになる。父のモーゼスは、ローザ＝リークヘアとの別れを条件に、フライブルクでの研究を許したようである。彼が息子に期待したのは、後継者たるにふさわしい経済学の勉強であった。ところが、息子が不必要な哲学に熱中し、そのうえ社会主義のグループに加入していると聞いては、父の不安はつのるばかりであった。父はフライブルクにおもむいて、フッサールとも息子の将来について話し合った。しかし、相変わらず続いているローザ＝リークヘアとの関係は、父との確執をますますきびしいものにした。

短期間（一学期間）の滞在ではあったが、フライブルクでの勉強は、ホルクハイマーに多くのものをもたらした。当時フライブルク大学で講師をしていたＭ＝ハイデッカー（一八八九〜一九七六）を知りえたことも、ホルクハイマーに大きな刺激を与えた。フランクフルト大学に帰還した彼が痛感したものは、フランクフルト大学の哲学の弱さであった。彼にとって、哲学に重要なのは、認識の形式的な法則を求めることではなく、人間の生やその意義を、実質的に探求することであった。

フッサール

ローザ＝リークヘアとの関係で父との確執が深まり、彼女との結婚に父の同意の得られぬことがいよいよ明瞭となるとともに、ホルクハイマーは、父の職業の後継を断念し、学究の徒として生きることを決意した。そのため、学位の取得をめざして、論文の作成にとりかかった。

彼は学位論文として、シューマンのもとでゲシュタルト心理学に関するものを選んだ。しかし、彼のめざした論がすでに外国で公刊されていることを知らされ、一時は学位の取得を断念さえするのである。が、コルネリウスの提案によって、すでにゼミナールで提出していたカントの『判断力批判』に関する論文「目的論的判断力のアンティノミーについて」を修正して提出し、きわめてすぐれた成績で合格したのである。フランクフルト大学哲学科での最初のドクトル誕生であった。それによって、コルネリウスのもとで、一九二五年まで助手をつとめることにもなったのである。

学位取得

アドルノとの出会い

学位取得よりさき、ホルクハイマーは、コルネリウスのフッサールに関するゼミナールで、アドルノと出会う。やがて生涯の理論上の同志として、あの三〇年代以来の苦難をともにするテオドール＝ヴィーゼングルント＝アドルノ（一九〇三～六九）と。

アドルノは、ホルクハイマー誕生から八年後の一九〇三年、フランクフルトで、やはりユダヤ系ドイツ人である富裕なワイン商人オスカー＝ヴィーゼングルントの一人息子として生まれた。母マリア＝カルヴェッリ＝アドルノは、ジェノア出身のコルシカ人で、カトリック教徒であった。母方の祖父はコルシカ出身の将校であったが、母の母である祖母が歌手であったことから、母も歌手、母の妹の叔母アガーテはピアニストという、まさに音楽的な家庭であった。その環境のなかの一人

フランクフルト大学
（日山紀彦氏撮影）

息子、しかも母三七歳のときの一人っ子として生まれたアドルノ（テディ坊や）に対する母の愛情はひとしおであった。まさに経済的・文化的にめぐまれた上流ブルジョア階級の市民家庭の息子であった。当然、早くから母や叔母によって音楽への感応力をうえつけられ、ピアノのレッスンを受け、作曲を習い、音楽家としての将来をめざした。アドルノの後ほどの哲学に、音楽的な色あいが強くうかがわれるのは、幼少からのこのような家庭的雰囲気にもとづくものであろう。が、同時にアドルノは、一五歳頃、家族ぐるみの友人であるS＝クラカウアーからドイツ古典哲学を学び、カントの『純粋理性批判』に親しんだ。クラカウアーは、有名な文明批評家で、映画の理論家でもあり、その反観念論的な文化批判によってアドルノに影響を与えたのであった。ギムナジウムを終えたアドルノは、フランクフルト大学に入学して、哲学・社会学・心理学・音楽の課程を修得。そして二一年、一九歳のおり、コルネリウスのゼミで、八歳年長のホルクハイマーと出会う。自由主義的社会主義に引かれ、美的関心を持ち、心理学とくにゲシュタルト心理学や精神分析に引きつけられていたホルクハイマーとは馬があい、二人は意気投合したのである。ホルクハイマーが学位を取って二年後、アドルノもコルネリウスのもとで、学位（「フッ

アドルノ

サール現象学における物的なものとノエマ的なものとの超越」）を取得し、ただちにウィーンに向かった。音楽とくに作曲を勉強するために。そして数年後、アドルノは教授資格を得るためフランクフルトに帰ってきたが、そこで新設の「社会研究所」に接触するのである。（公的には、一九三八年からはじめて研究所に所属するのであるが。）

教授資格取得と私講師就任

他方ホルクハイマーは、アドルノがウィーンへ去った一九二五年、「理論哲学と実践哲学との連結環としてのカント判断力批判」で、教授資格を取得した。この論文は、新カント派の師、コルネリウスの影響下に書かれたもので、カントの第一批判といわれる『純粋理性批判』と、第二批判といわれる『実践理性批判』とを媒介し連結するものとして、第三批判といわれる『判断力批判』を考えるものである。まずはアカデミックな労作である。

一九二六年、三一歳のホルクハイマーは、フランクフルト大学の私講師に任命された。それをきっかけに、両親の拒否のもとに続けられていたローザ＝リークヘアとの関係は、合法的な正式の結婚にいたることとなったのである。

II　社会研究所とともに

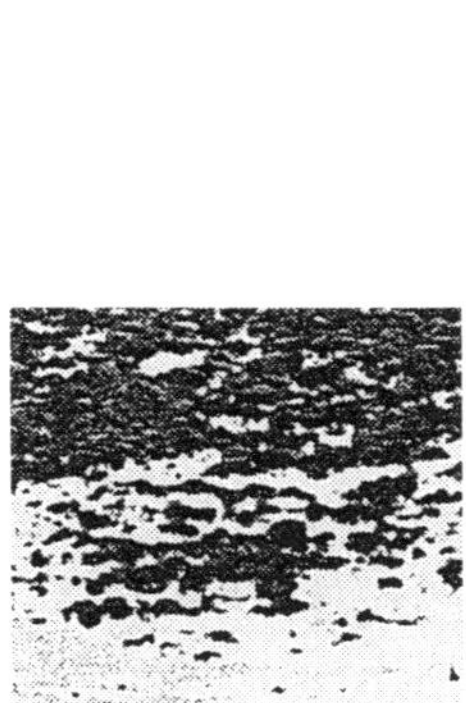

フランクフルト学派の拠点

創設に努力したF＝ヴァイル　ホルクハイマーを中心とするいわゆるフランクフルト学派の生成と活動の拠点となるのが、有名な「社会研究所」である。

社会研究所の創設に大きな役割を果たしたのは、F＝ヴァイルである。彼は、ドイツ生まれでアルゼンチンにおもむき、ヨーロッパに穀物を輸出していた富裕なH＝ヴァイルの一人息子であった。ブエノスアイレスに生まれたF＝ヴァイルは、後にフランクフルトのギムナジウムを経て、この町に新しく創立されたフランクフルト大学に入学し、政治学で学位を取った。それは、社会主義の実行上の諸問題に関するものであった。富裕な彼は、ドイツにおけるマルクス学ないし社会主義の進展を援助しはじめた。一九二三年の五月、ヴァイルは第一回マルクス主義研究週間を開いた。マルクス主義の種々の潮流が相互に徹底的に討論しあうならば、真の、あるいは純粋のマルクス主義に到達しうるであろうと考えたのである。参加者は、G＝ルカーチ、K＝コルシュ、R＝ゾルゲ（一九四四年、日本においてロシアのスパイとして処刑されたゾルゲ）、K＝ツェトキン、K＝A＝ヴィットフォーゲル、F＝ポロックといった錚錚《そうそう》たる連中であった（日本の福本和夫の名も見られる。彼らの多くは、後ほど社会研究所の同僚となる）。だがこの会合は、ヴァイルにとって幻滅的なもので、実践的成果を得るにはいたらなかった。

そこでヴァイルは、恒久的な研究所の設立という以前からの考えに立ちもどった。それは、労働運動の歴史と理論、社会の経済的・文化的生活領域の相互作用、現代社会の発展傾向などの探究をめざすものであった。当時、ドイツの大学においては、こうした社会研究はまだないがしろにされていた。ポロックと、ポロックの友人でこの頃ヴァイルとも知り合いになったホルクハイマーは、ヴァイルの研究所設立企画を支持したのである。いま一人、この研究所の理念の擁護者は、アーヘンの経済学者で工業大学教授のK＝A＝ゲルラッハであった。ヴァイルの父、H＝ヴァイルは、世の悲惨に心をいためながら、世を去った。が、彼の遺言で、悲惨の源泉を探究すべき研究所の設立のために、多額の寄付が寄せられた。それが、研究所の創設と維持を可能にしたのである。そしてヴァイル自身、この研究所の財政経営母体である社会研究協会を主宰することとなった。協会は、研究所の所長が財政的・知的に独立した存在であること、そのうえで、フランクフルト大学との何らかの結びつきを求め、所長は同時にフランクフルト大学の正教授たるべきことを規定した。

しかし、研究所の所長に予定されていたゲルラッハは、やがて研究所が創立される直前の一九二二年秋、三六歳の若さで、糖尿病発作のため突然世を去ってしまった。

F＝ヴァイル

創立と実証的・無党派的研究方針

かわって所長に選ばれたのが、C＝グリュンベルクであった。彼は、オーストリア＝ウィーン大学の法律・政治学教授で、公然のマルクス主義者ではあったが、純理論的諸問題には比較的無関心で、社会主義および労働運動の歴史研究を志し、そのための雑誌の編集をしていた（この雑誌を継ぐものとして、後ほどホルクハイマーの時代に、研究所の機関誌『社会研究誌』があらわれることになるのである）。が、とにかくグリュンベルクは、どちらかといえば、非弁証法的・機械論的なマルクス主義にもとづく歴史的・経験的研究をこととしていたのである。

一九二三年三月、研究所は創立され、あけて二四年六月、研究所の建物が竣工し、七月に開所式が行われた。所長のグリュンベルクが開所の辞を述べた。彼はまず、研究所が何らかの教育を行うことはあっても、体制に奉仕する人を養成する訓練所ではなく、純粋な研究を助長する研究機関であることを強調した（フランクフルトに集まった人のなかには、ゾルゲ、ヴィットフォーゲル、コルシュなど、コミュニスト党員もいたが）。ついで、研究を第一義とするこの研究所では、「問題設定および問題克服における統一性が意図されている」ことを宣言した。グリュンベルクは自分がマルクス主義者であることを認めたが、そのマルクス主義は、もちろん政治的な意味あいのものではなく、科学的な意味のマルクス主義であった。マルクス主義は彼にとって、完結した経済体系、一定の世界観、明確な研究方法を示すものであった。が、その実証的な史的唯物論は、唯物論哲学などの哲学とは何の関係もない、というのである。彼の考えるところでは、歴史の進行は不完全なものからより完全なものへの平板な進化であり、そこには、矛盾にみちた歴史の進行はない。こういう考え方のもとには、社会は資本主義から社会主義へ移行するという確信に裏づけられた、オプティミズム（楽観主義）があった。

実証的な歴史的研究の優位、哲学の排除、経済生活の反映としての社会的諸生活の表現、単純な進化を確信するオプティミズムなどに問題はあった。が、とにかくマルクス理論がはじめて西欧アカデミズムの世界に取り入れられて、議論されることとなったのである。とくに、マルクス理論の結論が、人間的現実の永遠の構造とか法則とかを規定するものではなく、そのときどきの歴史に制約された相対的な意義を要求するにすぎないとする考えは、その後のフランクフルト学派において展開されることになるのである。

その頃モスクワにも招かれ、後に「ソヴィエト・ユニオンにおける計画経済の試み」を書いたポロックは、計画経済に関して、オプティミスティックであるよりは、どちらかといえばペシミスティック（悲観的）であった。それに対しホルクハイマーは、最初ソヴィエト・ユニオンに対して、ヒューマニスティックな社会主義が達成されるであろうというオプティミスティックな考えを抱いていた。こうした関連において、またかつてミュンヘンやフランクフルトやフライブルクにおいて、ポロックとともに急進的な学生グループにきわめて親しかったという点から、ホルクハイマーは共産党員ではないかということが問題にされた。が、彼は第一次世界大戦のはじめにおける左翼政党の態度に失望したことから、党との結びつきにはきわめて慎重であった。こうして研究所は、グリュンベルクのもとでも、後のホルクハイマーのもとでも、少数の所員はともかく、研究所としては特定政党ないし左翼党派と関係することはなかったのである。

所長就任と方針講演

一九二七年、グリュンベルクが卒中でたおれた。それから回復せず、三一年後七〇歳で研究所長の地位から退いた。当然、所長の唯一の候補者はホルクハイマーであったが、まだ私講師の彼は、所長は大学の正教授でなければならないとする規定にはずれるのであった。コルネリウスの後、その席にはM＝シェーラーが、ついでP＝ティリッヒが就いていた。が、ティリッヒは、三〇年、新しく設けられた社会哲学の席にホルクハイマーを招いた。それによってあけて三一年、ホルクハイマーは社会研究所の所長に就任するのである。一月二四日（三六歳の誕生日を前にすること二一日）、彼の正教授並びに研究所長としての公的な就任講演が行われた。「社会哲学の現状と社会研究所の課題」というのが、そのテーマであった。

彼はいう。社会哲学とは人間の集団的運命を哲学的に解釈することを目的とする。社会哲学はそれゆえ、人間の社会的生活との関連においてのみ理解されうる諸現象、国家・法律・経済・宗教など、要するに人類の物質的・精神的文化のすべてを問題としてきた、と。そしてホルクハイマーは、カント、ヘーゲル、ショーペンハウアー、新カント派……と、社会哲学の歴史を辿りつつ、その現状を展望し、批判的に論述した。そして、研究所における社会哲学の方法が、社会研究における哲学的構成と経験との並存、つまり哲学理論と経験的個別科学との弁証法的な相互媒介による展開であることを明らかにした。つまり彼は、哲学者、社会学者、経済学者、歴史家、心理学者などによる計画的共同研究を考えたのである。それは、従来の独断論的な、また体系的な閉じられた決定論に対して、人間の創造性、個別科学の成果を重視し、個別科学に生気を吹きこむとともに、逆にそれに媒介されたものでなくてはならない、とするものである。一方におけるドクマ的な硬化から、また他方における単に経済的・技術的なものへの沈潜から眼をそらせ、一般的・理論的なプランと特殊的・経済的なものとが相互に浸透しあわなければならない、というのである。そして、研究所の最初の課題を、諸問題に対する労働者の態度の研究においたのである。

社会哲学正教授になった頃のホルクハイマー（1930年）

『社会研究誌』の創刊

一九三二年、研究所の機関誌『社会研究誌』が、ライプツィヒで創刊された。その「序言」で、ホルクハイマーは、理論の目標は、社会生活の過程を、その都度可能な洞察の立場に従って概念化しようとする試みである、と全体の意図ないし方法に言及した。もろもろの生起する相のもとに働く力の構造が、概念的に認識されるべきだというのである。それはもともと現在の人間的現実の概念的解明をめざすとはいえ、そのためにそれはまた現在を歴史的に生成せしめたものとして歴史的探究をふくまねばならないし、歴史の未来像の研究もふくまねばならない。

ホルクハイマー「序言」
ホルクハイマー「科学と恐慌に関する覚え書」
ポロック「資本主義の現状と計画経済的新編成の見通し」
フロム「分析的社会心理学の方法と課題について」
グロースマン「マルクスにおける価値－価格転換と恐慌問題」
レーヴェンタール「文学の社会的境位によせて」
アドルノ「音楽の社会的境位によせて」

というのが、創刊号における『社会研究誌』の目次内容である。そこには、マルクス理論に関するもののほか、分析心理学や文学や音楽に関する論もうかがわれる。研究誌は、学究的に、現代の人間の共同生活にとって規定的である諸要素を、それが経済的なものであれ、心理的なものであれ、社会的なものであれ、それを引き入れて、課題の充実に協調させることを求めるものである。

批判理論の性格

こうして、新しい所長ホルクハイマーのもとで、研究所の新しい構想や活動が開始され、展開されていくことになった。それは、やがて「批判理論」といわれるような性格をもった学派へと凝固していくのである。その性格ないし特色といったものを垣間《かいま》見てみよう。

さきに述べたごとく、史家としてのグリュンベルクは、哲学的思考に対しては疎遠であった。が、本来哲学者であるホルクハイマーにとっては、就任講演のテーマからもうかがわれるように、哲学は研究所にとって積極的な役割を果たすべきものであった。その哲学は、弁証法こそ「あらゆる哲学の最後の言葉」とするマルクスを、ヘーゲルに結びつけて——といってもヘーゲルの神秘主義的傾向をはなれて——解釈する弁証法的唯物論であった。それは、マルクス理論を当時流行の新カント派（ヘーゲルの没後、「カントに立ち返れ」を旗印に、カントの復興をめざすもので、日本でも大正時代に盛んであった）、実証主義、プラグマティズム、実存主義などと融合させる、いわゆる修正主義を斥ける。いうなればそれは、G＝ルカーチやK＝コルシュらの試みるいわゆる「西欧マルクス主義」の系列に属するものであった。したがって、ソヴィエト的正統マルクス主義や第二インターナショナル（国際社会主義者大会、一八八九〜一九一四）にもとづく社会民主党的正統主義（K＝カウツキーやE＝ベルンシュタインなどを理論的支柱とする）と、はっきり対立するのである。ルカーチが初期に書いた『歴史と階級意識』（一九二三）は、西欧マルクス主義の先駆的な役割をなすものであった。当時のマルクス主義の主流をなす第二インターナショナルの理論家たちが、人間の意識やその活動の積極的な役割を明らかにしえなかったのに対し、ルカーチのこの著は、歴史の変革における意識とくにプロレタリアートの階級意識の果たす積極的役割を重視し、逆にブルジョア階級の意識の虚偽性を批判した。またマルクス主義をヘーゲル哲学に結びつけ、資本主義社会において商品が物神化され、人間（経済、政治、イデオロギー）が物象化されている姿を分析し、その克服を求めた。ルカーチのこの理論は、この後のフランクフルト学派（マルクーゼ、アドルノ、ベンヤミン、ブロッホ、ホルクハイマーなど）にも影を落とすことになる。ホルクハイマーは、ルカーチを介して、マルクスにおけるヘーゲルの意義、弁証法、マルクスの哲学的側面などをあらためて自覚したのであった。

しかし反面、ホルクハイマーやその一派は、ルカーチらの西欧マルクス主義に対して批判を向けるのである（A＝シュミット著、生松訳『フランクフルト学派』）。まず、「二〇年代の西欧マルクス主義がマルクスにおける哲学的側面」に活力を与えるのに成功したのは、「ヘーゲルの観念論への逆戻りという高い代価を払ってでしかなかった」というのである。また「党とその役割の神学化、倫理的讃美」は、「個々の労働者に対して党は彼らのもっとも本来的な、しかも自分には明確になっていない意思の客観化でありうるという、きわめていかがわしい力を党に与えることになり」、スターリンの専制的恣意をおおい隠すことになりはしないか、というのである。

ヘーゲル的歴史哲学の批判

さらにホルクハイマーは、歴史哲学に対して控え目であり、世界史的な全体知というドグマティズム（独断論）には陥らなかった。ヘーゲルはこれまでの歴史過程を思弁的に正当化しようとした。彼は、歴史の客観的な傾向を神秘化した。しかし歴史は理性を持つものでもないし、われわれが拝跪《はいき》すべき精神でも力でもあるわけではない。それは人間の社会的生活過程から生み出されてくるできごとの総括であり、唯物論的理論が問題にするのは、この歴史過程を科学的に説明することである。物質的な時間・空間を越えたより高い領域とか、現実を統一している絶対的・根底的な原理などは存在しない。したがって、歴史を全体として統一的にとらえる全体的・絶対的真理の認識をめざす歴史哲学は、汎神論的・独断論的形而上学以外の何ものでもない。こうして歴史を、何か内在的に目的を持つ、より高い段階への進歩としてとらえることや、世界史を統一的体系的な構造を持つ全体として把握しようとする歴史哲学を拒否するのである。そしてマルクスにとっての問題は、特定の、その都度の社会状態の改変にあった、とするのである。

ナチズムの台頭と研究所の運命　二〇年代の終わり頃、ホルクハイマーはすでに、ドイツにおいてナチズム（国家社会主義）が勝利するであろうことを予感し、それを恐れた。三〇年代に入ると、時代はすでにヒトラーの台頭というきびしい社会情勢に直面していた。この情勢に対する配慮として、ホルクハイマーはスイスのジュネーヴに、ついでロンドン、パリに（さらに後にはニューヨークに）研究所の支部を設立した。将来亡命せざるを得ないかも知れぬという不吉な予感があったからである。研究所の基金も、ひそかに中立国のオランダへ移された。

ホルクハイマーは、つねづね研究所における共同研究を念願していたが、家族と権威に関する共同研究が一九三〇年以来続けられ、その成果が一九三六年に『権威と家族に関する研究』として、パリのアルカン社から発行されるのである。

既述のごとく、アドルノが公的に研究所に所属したのは一九三八年であるが、彼はすでに一九二八年ウィーンから帰還して以来、とくにホルクハイマーが所長になって以来、研究所と密接な結びつきを持っていた。さらに『社会研究誌』が創刊された一九三二年、逸材H＝マルクーゼ（一八九八〜一九七九）が研究所に加入した。一八九八年、やはり裕福なユダヤ系ドイツ人としてベルリンに生まれたマルクーゼは、一九一八年の一一月革命のおりには、ベルリンのある軍人評議会に属していた。後ほどベルリンで、ついでフッサールやハイデッガーのいるフライブルクで哲学を勉強した。一九二三年学位を取った後、ベルリンで書籍商並びに出版者として働いていたが、二九年にフライブルクへ帰ってハイデッガーの助手となり、アカデミックな道を歩みはじめた。しかし、ハイデッガーとの政治的見解の違いは、結局破局をもたらし、フランクフルトの社会研究所に接触することとなるのである（後年、彼の積極的な実践的理論によって、彼はいわゆるフランクフルト学派ともはなれることになる。いうまでもなく六〇年代の学生運動の盛んな頃には、マルクスや毛沢東と並んで、いわゆる三Mの一人として学生のアイドルとなるのである）。

文芸的な逸材として、後ほどとりわけ高い評価を受けるW＝ベンヤミン（一八九二〜一九四〇）が、ホルクハイマーやアドルノと交友関係を持ち、研究所に接触するのも一九二〇年代の末から三〇年代にかけてである。彼もまた、ユダヤ系出自のドイツ人として一八九二年ベルリンに生まれ、ベルリン、フライブルク、ミュンヘンの各大学で哲学を学び、早くから主としてペンネームで文芸

マルクーゼ

評論的な著作や翻訳をしていた。

一九三三年一月、ヒトラー内閣が成立し、ナチズム（国家社会主義）が権力を獲得するとともに、社会研究所の運命は決定的となった。「カフェー・マルクス」として、また「ユダヤ的退頽《デカダンス》の砦《とりで》」として憎まれていた研究所は、新しいナチズムの支配者にはとりわけひんしゅくを買う存在であった。三三年二月に、ホルクハイマーは妻とともにジュネーヴに移り、そこから週に一度フランクフルトへ通っていたが、すでにある講義は取り消されるといった状況であった。三月、ついに研究所は、反国家的傾向のゆえに閉鎖され、建物と六万冊の蔵書が差し押さえられた。ホルクハイマーの教授資格も取り消され、彼は文字通りジュネーヴへ逃亡するのである。プロテスタント神学の哲学者、ティリッヒもいっしょであった。ポロックが長をしていたジュネーヴの支部が、研究所の本拠となった。そうこうする間に、共産党関係で強制収容所へ送られていたヴィットフォーゲルを除いて、すべての研究所所属員はフランクフルトを、あるいはドイツを去った。

が、ファシズムはスイスにも侵入してきた。今や、アメリカ以外に逃れるところはなくなった。一九三四年五月、ヒトラーが総統となる（八月）直前、ホルクハイマーはコロンビア大学の好意によって、アメリカのニューヨークへ亡命するのである。

その後の『社会研究誌』

他方、『社会研究誌』の方は、一九三二年、三三年と三冊（一-一・二、一-三、二-一）がライプツィヒから発行されたが、その後出版社主のC＝L＝ヒルシュフェルトは、もはや発行の危険をおかしえないことをホルクハイマーに告げてきた。同志のC＝ブーグレが、そこでパリのフェリクス-アルカン社との関係を取りつけた。じらい一九四〇年まで、すなわち第二次世界大戦によってパリが陥落し、ナチズムが再び出版社を脅かすにいたるまで、研究誌はここから発行された。三九年秋、ホルクハイマーがアルカン社宛てに研究誌発行の危険を述べたところ、アルカン社は、情報相のジャン＝ジロードゥーが研究誌の続刊を名誉とさえ考えているとの返事を寄こしたのであった。が、ドイツ軍のパリ占領により、ついに発行はニューヨークに移され、なお四巻が『哲学・社会科学研究』の名のもとに、英文（一編のみ仏文）で出された。三二年のこの誌の創刊以来これに執筆した人をあげてみると、既述したホルクハイマー、ポロック、アドルノ、E＝フロム、H＝グロースマン、L＝レーヴェンタール、マルクーゼ、ベンヤミンなどのほか、J＝グンペルツ、F＝ボルケナウ、A＝シュテルンハイム、G＝マイヤー、R＝ブリフォールト、P＝L＝ランツベルク、P＝V＝ヤング、K＝マンデルバウム、C＝ブーグレ、K＝A＝ヴィットフォーゲル、F＝テンニエス、H＝D＝ラスウェル、M＝ミード、H＝ヴァイス、H＝ロットヴァイラー、A＝コイレ、F＝ヴァイル、P＝F＝ラザースフェルト、F＝ノイマン、R＝シュレジンガー、O＝キルヒハイマー……などなど、群星が輝いている。世に「フランクフルト学派」と称せられる、ホルクハイマー中心のグループである（なかには、このグループからはなれていった人もあり、新たに、戦後再建された社会研究所へ集まってきた若い世代の人もあるが）。論題も、哲学、政治、経済、法律、歴史、文学、芸術、音楽、心理学、教育、科学、医学、地理学……と、多岐にわたっている。まことに壮大な批判的・抵抗的な理論的殿堂というべきであろう。

悲劇

それゆえに、そこにはまた、悲劇が存在しないわけにはいかなかった。ホルクハイマーは、フランクフルトを追われてジュネーヴへ、そしてさらにアメリカ（ニューヨーク）へと亡命した。すでに一九二八年、アドルノに深い感銘を与えた『ドイツ悲劇の根源』をあらわし、幅ひろい活躍を期待されたベンヤミンは、三三年パリへ亡命し、三五年来社会研究所パリ支部の共働者、ついで四〇年、研究所のメンバーとなり、その間研究誌にも寄稿していた。ホルクハイマーがアメリカへ去った後もパリにとどまり、ボードレールの研究に専念していた。パリが陥落した四〇年、ホルクハイマーは、ベンヤミンのため、まだ占領されていないフランスからアメリカへ旅行するための宣誓書とビザを調達してやった。が、ベンヤミンは、ドイツ軍のパリ進駐により、フランスからピレネーを越えてスペインへ亡命しようとした途中、スペイン警察に拘留され、ゲシュタポ（ナチスの秘密警察）による身の危険を感じて服毒自殺し、五〇年にもみたぬ悲運の生涯を終えて

ベンヤミン

しまった。ホルクハイマーやアドルノのほか、E＝ブロッホ、マルクーゼ、B＝ブレヒトなどとも親交のあった、フランクフルト－グループの有力な一員で、将来を期待されたのであったが。

その他、フランクフルト－グループの多くはフランクフルトを去り、主としてアメリカへ逃れたが、ドイツをあとにした最後の人物がアドルノであった。三三年教授資格を剝奪《はくだつ》された彼は、なおもフランクフルトにとどまっていたが、三四年、イギリスのオクスフォードへ逃れた（三六年、社会研究所のロンドン支部閉鎖）。が、一九三八年、ホルクハイマーは、なおドイツへの帰還に未練を持つアドルノをニューヨークへ招いた。P＝ラザースフェルトに率いられるプリンストン大学「ラジオ調査プロジェクト」音楽部門臨時部長として（それは彼の期待していたものではなかったが）。アドルノはここで、社会研究所の専任所員として参加することにもなる。

アメリカでの研究所の苦難　ことはさかのぼるが、コロンビア大学（学長N＝M＝バトラー）の好意によって設立された研究所（国際的社会研究所）では、さっそくゼミナールが開始された。研究所のグループやアメリカ並びにドイツの学生が参加者で、テーマは、就中《なかんずく》経済の諸問題、ファシズムの財政的組織、権威的国家における司法、ソヴィエト科学の問題と方法、などであった。アメリカでの最初の大きな共同研究としての『権威と家族に関する研究』が、三六年パリで発行された。それとともに、ホルクハイマーや同僚たちは、コロンビア大学で講義をはじめた。

しかし、研究所の財政は、そう順調ではなくなっていた。亡命してきたアカデミカーの支援、研究誌での論文の公刊、著作の出版の引き受け、奨学金などの問題が、研究所の財政的運営を苦しめずにはおかなかった。その間、研究所グループの大部分はアメリカの市民権を取っていたが、アメリカでの彼らの居心地は、必ずしも快いものではなかった。アメリカの社会学者の多くは、研究所のマルクス主義的な過去の歴史を知るようになった。一九三九年、第二次世界大戦勃発前の独ソ不可侵条約も影響を及ぼさないではおかなかった。また、経験的研究にのみ凝り固まったアメリカ社会学者は、ホルクハイマーの理論的思考法に同意しかねたのである。アメリカでの研究誌が英文となったものの、それ以前の長い間ドイツ語で発行されていたことも、研究所の印象を悪くするものであった。世界大戦の勃発とともに研究所の財政状況はいっそう悪化し、財団の基金も減少するにいたり、ホルクハイマーは、研究所の事業の縮小を考えざるを得なくなったのである。研究所の多くのメンバーも、就職がそう容易ではなかったものの、あるいは政府機関、あるいは私的施設のあれこれの仕事について、生活を維持しなければならなかった。

一九四〇年、ホルクハイマーは、ニューヨークからカリフォルニアへ移住する。そこでよりよい仕事を見つけようとしたのである。夫人のリークヘアがニューヨークの気候で苦しんだことも、移住の一つの原因であった。四一年には、ホルクハイマーを追って、ポロックとアドルノもカリフォルニアへやってきた。そこには、文豪のトーマス＝マンも亡命してきていた。ここで、ホルクハイマー、アドルノによる『啓蒙の弁証法』の共同労作がはじまる。しかし『社会研究誌』の方は、ニューヨークで最終号の発行に追いこまれることとなるのである。

III 伝統的理論と批判理論

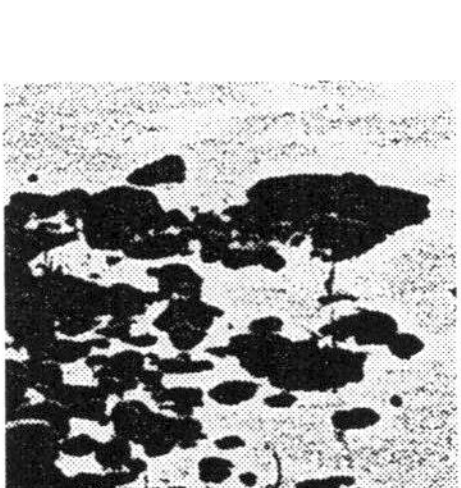

「批判理論」の背景

「批判理論」のバックボーン

ホルクハイマーは、ショーペンハウアー（一七八八〜一八六〇）に対して、生涯特別な関心を持っていた。既述のごとく、彼は若い頃（一七歳）から友人のポロックとともにショーペンハウアーの『処世箴言』に読みふけった。後にはショーペンハウアー論ものしている。少年時代からのこうした関心には、彼とショーペンハウアーがともに商人の出身であり、ともに父の職の後継者たるべく運命づけられておりながら結局哲学者になったという、境遇の類似性もあるであろう。また、ショーペンハウアーは後年フランクフルトの住人となり、そこで死んだ。彼はフランクフルトの中央墓地で永眠しているし、フランクフルト市には彼の記念室もある。しかし、ショーペンハウアーに対するホルクハイマーの親近感には、ショーペンハウアーの批判的・ペシミスティックな思想に対する共感が根底にあったといえよう。もちろん批判的といっても、ショーペンハウアーのそれは革命的な意味での批判ではなく、いわば保守的な意味でのそれで、現実のひどい差別に目を注いで批判するというものであった。

「ペシミズム」は今日「厭世主義」と訳されるが、本来ラテン語の原義よりすれば「最悪主義」という意である。つまりショーペンハウアーは、現実の世あるいは人間的存在を、全体として不完

ショーペンハウアー

全・最悪としてとらえ、それに立ち向かおうとするのである。彼はそこから、共苦＝同情を、あらゆる自発的な正義とあらゆる真正な人間愛の根本と見なすのである（遠山義孝『ショーペンハウアー』参照）。それと同じようにホルクハイマーは、現実の社会、わけても世界大戦に突入していく現実のなかに、苦悩、悲惨、不正、強制、恐怖、偽善、搾取、抑圧、権力……といった非人間的なものをとらえ、現実の空しさを暴露し、それを批判し、それに抵抗し、それを除去しようとしたのである。それは、他面、そのような悪のないヒューマンなもの、人間の尊厳と自由のある社会状態へのあこがれ（ヒューマニズム）であった。このようなプロテストとあこがれが、若き彼をカントやショーペンハウアーに近づけ、マルクス主義へ運び、ファシズム批判へ向けさせたのである。そして後ほどスターリン主義のテロに面して、東の正統マルクス主義から離脱させることにもなるのである。それは、世界における不正に向けられた正当な怒りという、ユダヤ的な根本的動因に根ざしているともいえよう。またそれは、自他の思想のドグマ化・絶対化を排するものであり、左右いずれであろうと全体を正しいとする哲学的体系や政治的イデオロギーを遠ざけるものである。逆にいえば、全体的・抑圧的でない、その都度の自由な批判的判断をこととする、正義への意思にもとづくものであった。まさに全体は、ホルクハイマーにとって、不真実なのである。現実は生成し流動する。その限り、それぞれの認識は不完結であり、完結的な現実の全体理論あるいは形而上学といったものは考えられない。みずからが制約され有限であることの迷いなき反省こそ、批判理論を特色づけるものである。それは、永遠の固定的秩序の現存を否定し、まさに人間による理性的な状態の創造という関心によって規定されることの、告白である。こうしたきびしい批判的・ヒューマン的な情熱と意思、それが、一九三七年、『社会研究誌』上に発表された「伝統的理論と批判理論」というホルクハイマーの論文にいわれる「批判理論」の、バックボーンであったといえよう。

「批判理論」の基本性格と背景

「伝統的理論と批判理論」は、ホルクハイマーの初期を代表し、「批判理論」という批判的社会理論を性格づけるものである。

ホルクハイマーは大まかに、「伝統的理論」の認識方法をデカルトの『方法序説』に、「批判理論」のそれをマルクスの『経済学批判』になぞらえる。「わたしは考える、ゆえにわたしは在る」として、思考する精神的な「われ」の自覚を訴えた前者は、近代社会における専門科学の数学的・数量的な認識を基礎づける理論である。これに対し、後者は、専門科学的認識を媒介にして近代社会を分析しつつも、この社会を全体としてとらえ、その弁証法的な展開のなかにそれが必然的に陥っていく矛盾を認識し、もって、その超克をめざすものである。伝統的理論が、あくまでも、主観と客観、理論と実践の対立・分離に立つのに比し、批判理論は、理論そのものがその根底にある関心に裏づけられることによって実践に結びつく。こうして、批判理論においては、主観と客観、主体と客体、理論と実践は統一される。

ところで、伝統的理論との対比において提起された批判理論の背後には、いわゆる三〇年代のあの動乱、すなわち荒れ狂うファシズムの嵐があった。ホルクハイマーは、その危険にさらされ、それを避けてアメリカへ亡命したのであった。批判理論の背景には、このようなファシズムとの理論的闘争が存していたのである。それは伝統的理論に比し、どういう性格を持つのであろうか。さらに立ち入って内容を問うてみよう。

伝統的理論

科学主義　デカルト（一五九六〜一六五〇）によって基礎づけられた伝統的な理論観は、近代の諸科学、とくに数学的な認識方法をモデルにした諸科学の営みを、概念的に理論化したものである。その意味において、伝統的理論は、科学主義といいうる。

それは、もろもろの与えられた諸材料ないし諸事実を、主観的な概念的カテゴリーによって数学的に操作し、整理し、秩序づけ、統一し、もって普遍的・自己完結的な体系の構成をめざすという理論観ないし認識論である。それは、無機科学や有機科学における認識方法であるばかりでなく、人間や社会に関する認識においても適用される。つまり人間や社会に関する認識が、自然科学における数学的な認識方法をモデルにして進められ、営まれる。経済的社会事象も、物理的自然の操作と同じように、純粋に数学的な体系をめざして操作され、処理され、形式化されるのである。このような自己完結的な命題体系、諸命題の体系的結合こそ、正確な意味における理論と考えられるのであり、伝統的理論のめざすものである。そこでは、形式論理が一つの契機をなし、すべての部分が徹底的に矛盾することなく相互に結合されねばならず、認識の結果としての体系は、そのような無矛盾なものでなければならない。それが、あらゆる理論体系を満足させなければならない根本要求なのである。このような考え方こそ、デカルトをはじめとする近代哲学の創始者に由来するものであった。

近代科学における実験は、認識された体系的統一的な諸命題を、具体的な事実に即して検証する。かくして科学的な諸命題は、現実の与えられた状況のもとで、できる限り多くの機会に、利用し活用されうるのである。

こうして、たとえば物理学における物理的過程の概念、あるいは生物学における生物的現象の概念など、伝統的理論によって明示された普遍的一般概念は、その領域のすべての事実を包摂する。その間には、類・種・個というヒエラルキー的体系が存在する。諸事実は、類の個別的な場合であり、実例である。類・種・個という体系的統一の間には、時間的差違は存在しない。電気はある電界以前には存在しないし、逆に、電界は電気以前には存在しない。同じように、ライオンそのものは、特殊なライオンの前にもあとにも存しない。

主観・客観の対立

したがって、伝統的理論にあっては、見る主観と見られる客観とはあくまでも対立・分離し、どこまでも平行している。つまり、この理論の根底をなすものは、二元論である。事実的な材料は、外から与えられる。主観はこの材料を受容し、それを操作によって明確な定式へともたらし、そのことによって逆にこの定式的知識を客観に対して適用しうる。そこに科学的操作の自発性があり、理論的な活動がある。が他方、人間的主観の関与する対象的事実は、主観にとって超絶的であり、主観から独立している。そこでは、主観の思考作用と客観の存在、思考的悟性と受容的知覚の二元論は、いつでも当然の前提なのである。主観は主観として、客観は客観として自己を保持し、主観対客観の関係は、本質的に変わることがない。

もちろん、人間的主観が客観的所与を操作によって整理し、統一し、概念化することは、所与的対象の必然性の洞察・認識であり、人はそれを対象（自然）へ適用し、それによって対象（自然）に関与し、もって対象（自然）を個々において変えることができる。近代における科学的技術の発達、自然支配の拡張がそれであり、それによって、近代市民社会の発達がもたらされたのであった。つまり、主観・客観関係としての科学的な営みにより、科学はみずからを豊かにするとともに、他方において、それが諸事実に適用され、市民社会の物質的基礎の絶えざる変革と発展をもたらした。しかしそれは、主観対客観の関係を何ら変えるものではない。

分業的専門主義

科学主義である伝統的理論は、ある与えられた特定の状況で、科学的な仕事が分業的・専門的に行われることを前提にし、それにもとづく考え方である。学者の仕事は、社会におけるほかの仕事と並んで分業的に行われ、個々の仕事の間の関連は、直接には見通されない。

そもそも分業というのは、社会が自然を支配するための特殊な様式である。分業のそれぞれの部分は、直接に社会の生産面に関係することもあろう。あるいは直接にそれに関係しないこともあろう。が全体として、社会的な生産過程のための諸契機として存在する。こうして、工業生産と農業生産、管理機能と現場、使用人と労働者、精神的業務と肉体的業務……といった分業・分裂が起こる。体系的な理論構成も、分業のワクのなかでそれぞれ専門的に行使される。そして、こうした分業の場合、それぞれが全体のなかでどういう意義を有するかは問われず、分業のワク内でその意義が問われるにすぎない。こうして、科学的理論の独立とか、学問の自由とか、学問のための学問がめざされる。そこで、理論が歴史や人間をはなれて、絶対視され物神化される。科学が実際、社会的にどういう機能を持つか、つまり理論が人間的存在のなかで、あるいは歴史的条件のもとでどういう意味をもつかは問題にされず、分業的・分離的なワクのなかでその意義が問われるにすぎない。こうして、個々の部分で合理主義が支配するけれども、個々の科学とか職務が織りこまれている歴史の目標とか、それらの部分が人類にとってふさわしいか否かといった問題は問われない。もしこうしたことに関心が寄せられるとすれば、それは個人の趣味や気質にもとづく個人的・主観的な問題であるにすぎない。こうして、現実的な社会的・政治的・人類的な問題からの超越、あるいはそれからの脱出、ないしそうした問題に対する無関心が生起する。

かくて、かつて「哲学は神学の侍女」であったが、今やこの伝統的理論観は、分業的・専門的な科学ないし状況の立場を基礎づけ、それを守る召使いとしての使命を帯びるのである。伝統的理論観としての哲学的思考は、専門科学にとって、また支配的となった技術的・分業的産業にとって有用となり、そうであることに使命を見ることとなる。それは他面から見れば、現存の社会や産業の体制を超え出るごとき思考の不可能であることを示すものである。こうして、伝統的な哲学的思考は、分業的・専門的な科学・技術やそれの支配する社会状況を超えてそれを批判するどころか、逆に、その侍女となるのである。

理論と実践の分離

専門的科学主義に立ち、専門的科学に意義を見いだす伝統的理論は、それ自体としては理論的科学以外に関心を有しない。有したとしても、それは非本質的なことがらにすぎない。つまり、所与のことがらを規定し、秩序づけ、統一していく働きこそ本質的にめざされるべき唯一のものであり、そこに思考の権威があり、このような統一的体系こそ思考の理想像なのである。こうして認識（理論）と実践との分離が貫徹される。いいかえれば、理論は、実践的な契機、あるいは実践との統一を、必然的なものとしてみずからのなかにふくんではいない。理論と実践は、別個の次元なのである。

認識主体は、実践的・社会的な関連のなかへ巻きこまれることなく、それから身を引き、客観的に事象を傍観し観察する。ある病気が快癒しうると判断される場合、それにふさわしい処置が実際に講ぜられるか否かは、認識そのものには外的な、技術に属することがらであり、理論そのものには非本質的なことがらであるにすぎない。ことがらの実践的変革は、理論には外的な非本質的なことなのである。学者は、あるいは社会的な価値を創造することに強い関心を抱き、実践的な社会的価値創造を信ずるかもしれない。たとえば、実証主義者やプラグマティストは、理論的な仕事を社会の生活過程と関連づけ、理論の結果の有用さこそ科学の課題だという。しかし実際には、こうした目的意識や信仰は、学者にとっての一つの私的な問題にすぎず、それが、理論的な仕事に些些《ささ》たりとも影響をおよぼすことはない。

かくて、たとえばマールブルク新カント派においては、専門学者の理論活動が、いわば世界精神ないし永遠のロゴスのあらわれという地位を与えられるのである。およそ社会生活を決定する要因は学者の理論活動にあるとされ、「認識の力」が「根源の力」と名づけられ、「生産」とは思考作用の創造とされるのである。こうして、科学的活動が人間の歴史的な活動とされ、理論と実践との統一ともいうべき労働にとってかわるのである。

与えられた体制のワクのなかで

伝統的な理論観は、所与を受容し、それを統一し、体系化していくところに意義や権威を誇っていた。こうした理論構成の姿勢は、与えられた自然に対してのみでなく、社会や人間の認識に関しても同様であった。とにかく与えられた現実の諸事実がまず存在し、それに対して分業的に対応して理論をつくっていくのである。

したがって、理論構成のために与えられた対象ないし現実に関し、そもそもそれがどのような意味を有するかは問われなかった。同様に、この現実の所与にかかわり、それを認識する理論活動そのものの意義や目的や是非が批判的に省みられることはなかった。そこでは、現実や時代や歴史の全体的・根底的なものの有する性格・方向・目的といったものは問われず、所与の全体の検討とか批判は問題にされない。たとえば今日の数学的経済学は、また実証主義的な、あるいは実存主義的な専門哲学は、所与的な現実と対決したり、それを批判したりすることはない。ただ現実を受容してそれを秩序づけるのみである。

こうして、学者と彼の専門的科学は、既成の社会機構のなかに織りこまれ、彼らの科学的な仕事は、現存するものを存続させ再生産する契機にすぎず、この現実のワクのなかにあって、このワクの存続を可能にするにすぎない。そして、こうした現実的所与へ適応し、それに同調することのなかに、みずからの満足と名誉を見いだすのである。こうして伝統的理論ないし理論観は、現存する体制のイデオロギー的役割を果たすことになる。所与を受容し、所与のできごとのなかに絶対的な必然を見る姿勢からは、いろいろな問題が社会的に生じてきた由来、全体的・社会的な所与の現実そのものが帯びている問題、科学が使用される現実的諸状況の是非、科学を適用する目的などは問われなくて、それらの問題は、伝統的理論そのものには外的なことがらとされるのである。

が、問題はそこにあろう。個々の部分における合理も、一般的・全体的な非合理を容易にともないうるのである。日常生活において、まさしく理性的で有益と考えられることがらも、社会にとっては有益どころか逆に有害で、破壊的でさえあることもある。人は現在のような時期にあっては、何か有用なものをつくろうとする最良の意思が、みずからの専門科学や職業の外側に存するものに対する盲目のため、逆の結果をもたらしうることを忘れてはならない。伝統的理論の最良の意思でさえ、より大きな全体的関連のなかで自己を省みるのでなければ、真の合理を見誤るのである。思考作用は、単に専門科学やある職業の実際的習得に閉じこもったままであってはならず、普通日常的には自明と考えられている物的・知的な所与を問題にし、検討し、批判するのでなくてはならない。ほとんど盲目的につくりだされて維持されている日常の諸関係に、人間らしい目的を浸透させて検討・批判しなくてはならない。いわば理性的に組織された未来社会への関心によって、現代社会に批判的な照明を当てるという理論的・思考的努力が、常住になされなくてはならない。

見せかけの自由

今日の市民経済にふさわしい専門科学的思考は、ともかくも以前の古いドグマを振りはらって、すでに認められた道を歩みさえすればよかった。このような専門的諸科学に社会的な需要とか承認が存する限り、専門科学的思考に不安は感ぜられなかった。このような経済、このような歴史的条件のもとでの生活過程に順応し、その秩序に適応する限り、科学的生産物には謝礼が支払われ、専門科学的思考は安定するのである。つまりそのような理論的な仕事は、現存する社会的諸関係のもとで要求され、使用されうる一労働なのである。そこには、現在の状況が有している必要とか目的、慣習とか傾向が入りこんで反映するのである。大学での空転的なある仕事、形而上学的な、また非形而上学的なイデオロギーづくりでさえ、ここでは社会的な意味を有しているのである。

だが所与の現実上に立ち、所与を受容し、所与に依存して知覚し認識する市民社会の成員にとって、そうした個々成員の総括であるはずの社会が、逆に個人に対抗する主体となるのである。無意識の社会的因果関係が個人を制約する。ついには見通しがたい巨大で強力なメカニズムが、個人に対立し、個人を包みこむのである。そこでは、市民社会における個人の自由、わけても経済的な自由は、見せかけの自由にすぎないものとなる。人は経済的に個人的決断によって自由に行動していると思いこみ、また市民的学者、とりわけ世紀の変わり目のマールブルク新カント派は自由主義哲学を主張している。が、それらの自由は偽りの自己意識にすぎず、非現実的な抽象物にすぎない。リベラリズムのいう見えざる調和は幻影にすぎない。逆に、個人をとりまく社会の活動こそ、盲目的ではあるが、具体的・現実的なのである。もともとデカルト以来の観念論がいう自由や自律は、市民的個人の制限された自由が完全な自由・自律であるかのごとく、イデオロギー的に見せかけられた姿なのである。

今や個人主義的リベラリズムの矛盾が、反動によって利用されるのである。すなわち強力に個人に対立し、そのようなものとしてしか考えられない全体のメカニズムや共同体が、ついには貪欲な権力の妄想によって民族共同体として聖化され、腐敗したこの全体的社会秩序が、理想主義的な言葉によって飾られる。かくして、幸福を得たいという現実の人間の関心が、この貪欲な権力に取りかえられるのである。ともかくもこうして、社会的メカニズムを支配する力が、方向を決定し、科学の意味や価値を判定する審判者となる。かつて封建社会のもとで、市民階級が最初に形成されはじめたとき、市民階級とともに登場してきた純粋に科学的な理論は、その時代に対して革新的で、古い時代の形態に対して批判的な傾向を有していた。が、今やそれの無力が告白されるのである。

伝統的理論は、このように革新的であったものが従属的となり、召使いとなってしまった弁証法的な主客転倒の由来を知らないし、その認識を有しない。受容される認識対象としての自然や歴史や社会のもろもろのできごとの主客転倒的な、いわば弁証法的なプロセス、それは実は人がみずから形成してみずからに強要するという、自己矛盾的・自己疎外的な必然的できごとなのである。伝統的理論はこのことを知らない。したがって、強力な社会的メカニズムの状況に対して、伝統理論に立つ学者は、批判的に、自主的・独立的に行動することはできない。彼らは、彼ら自身の思考にふさわしく、自主的と称しながらも実は、単に現実の社会的因果関連によって規定されるままにふるまうにすぎない。かくて彼らは、今や理性的存在者として無力であり、孤立している。こういう状況の認識こそ、この状況を変革する一歩となるはずであるが、彼らはみずからの反省において、依然としてみずからを単なる傍観者、強力な現実的現象の受動的参加者となっているのである。そこでは、社会形態の不変性の信仰が支配していることに変わりはなく、彼らはこのような強力なできごとをおそらく予見することはできても、それを支配することはできない。

批判理論

人間労働としての歴史的・社会的過程

個人にとって、世界はそれ自体において存在するものであり、個人はそれを受容しなければならない。が、個人にとってそれ自体において存在し存続する世界が、実は人間の社会的な実践の産物なのである。われわれが環境のなかにおいて知覚する都市・村落・田畑・森などすべてが、人間の社会的労働によってつくられたものなのである。人間の衣服やふるまいや姿や感情様式が歴史の結果であるのみでなく、人間がものを見、聞く様式もまた、数千年にわたって発展してきた社会的生活過程と密接に関連しているのである。個人によって知覚される対象のみでなく、知覚する機関そのものも、人間的活動によって形成され、そのようなものとして歴史的性格を帯びているのである。個人は知覚の際に、受容的な自己自身を経験する。さらに認識において、受容と活動、感性と悟性の二元的な対立のなかに置かれる。既述のごとく、伝統的理論は、この立場に立つものであった。だが、個人が受容的であるところで、個々人の総括である社会は、無意識的・盲目的であるとはいえ活動的に人間を規定し、歴史を形成する。自然的な対象ないし環境ですら、社会的・歴史的な人間形成なのである。伝統的理論がいうごとく、個人は感覚的事実を受容し、それを概念的に秩序づけた。が、この概念的な秩序づけそのものが、社会の生活過程と関連し、この社会的生活過程とともに発展してきたのである。したがって、ある特定社会の成員間において、受容されたものの秩序づけや諸対象に関する判断が、ごく自然に行われ、一致するのである。知覚が伝統的な悟性様式に調和し、個々人の間に調和が見られるのである。そこに何の偶然もない。

認識のこうした社会的歴史的構造を理論的に明らかにして表現したのが、まさにカント哲学である。受動的な感性と能動的な悟性についてのカントの教説は、諸対象を考える思考規則が生得ではなくて先験的であると主張する。彼が先験的とよぶ超個人的な活動こそ、まさに能動的な社会を示すものである。ともかくカントは、認識的な理論的思考の背後に、よりいっそう深い統一、すなわち個人的な認識が拠りどころとする普遍的主観性ともいうべきものが潜んでいることをとらえていた。ただカントは、彼の時代的な見通しにしたがって、この先験的な普遍的主観性を社会的活動性としてとらえることはできず、現実をこの社会的活動ないし社会的労働の産物と見なしえなかった。先験的とよばれる超個人的なこの活動は、純粋に精神的なものとして、観念的に思いうかべられるにすぎなかった。

さらにカントは、この社会的先験的な力の活動が、ある暗さによって取りかこまれているという(『純粋理性批判』における純粋悟性概念の演繹と図式に関する章)。それは、社会的能動性、実際に具体的・現実的なこの能動性が、無意識で、全体として盲目的であることを示すであろう。ともかくも、伝統的理論が受容されたものに対する能動性と見なした個人は、かえって非現実的で、むしろ社会こそ盲目的で無意識であるとはいえ、能動的・現実的な主体なのである。現実はむしろこの能動的な社会的労働の産物なのである。批判理論は、現実の社会や歴史のなかに、主体的・能動的な働きを見るのである。それは、伝統的理論における主観・客観の二元的対立にもとづく認識を、転倒させるのである。

現実における矛盾の認識

カントによれば、カント哲学の最高の概念、とくに先験的主観性である自我、純粋ないし根源的な統覚は、今述べたごとく、内面的な暗さにつきまとわれていた。が、そのことは、かえってカントの思考作用の深さと正しさをあらわしているのである。カント的な考え方が有している二重性格、つまり一方では最高の統一をあらわしながら、他方で、何か暗いもの、無意識なもの、見通しがたいものをあらわしているという二重性格は、まさに近代における人間活動の矛盾にみちた姿に該当するのである。社会における人間の共働は、人間理性のめざすあり方であり、人間はそのようにみずからの力を用い、そしてそこに人間理性の本質があるのである。だが、近代の市民的経済様式は、競争しあう諸個人のきわめてするどい感覚にもかかわらず、いかなるプランによっても支配されていないし、意識的に一般的な目標をめざしているわけでもない。近代的な市民的経済様式から起こってくる全体の生活は、ゆがめられた過度の摩擦のもとで、いわば偶然的に運ばれていく。人間自身の理性的・合理的なあり方であるべき労働過程とか生産物が、戦争状態、つまり労働力や人間生活の浪費ともいうべき全体の無意味な悲惨をもたらしている。人間自身の労働である過程（労働過程）とその結果（産物）は、人間自身から疎外され人間自身のものとはなっていない。理性的・合理的な存在様式であるべきものが、超人間的な運命としての変えがたい自然的な暴力としてあらわれているのである。近代的な市民経済の持つこの矛盾が、カントの理論哲学、彼の認識論のなかにふくまれているのである。

受動性と能動性、感覚的事実と先験、という両者の関係が帯びている矛盾をあばいて展開させたのがヘーゲルであるが、彼は最後には、よりいっそう高い精神的領域というものにおいて宥和《ゆうわ》させた。彼は、絶対的精神を最高の実在としておくことによって、カントが困惑した一般的主観からみずからを解放した。ヘーゲルによれば、普遍的なものはすでに十分展開していて、自己完成している。彼によって現実は理性的なものとしてすでに肯定されている。とするなら、現実はまだ理性的ではないとして批判されはしない。しかし、現に個人が諸矛盾の前に置かれ、みずからの無力に直面してみれば、ヘーゲル流のこの解決は、非人間的な世界との哲学者の個人的・私的な平和締結にすぎないように思われる。

カント

かつて、封建社会のもとで市民階級がはじめて形成されてきたとき、それは古いものに対して闘う解放的な力であった。そこでは、自由な解放的市民階級は、支配的な人間類型を示した。そうしたなかでは、科学的な理論もまた、古い時代に対してそれを攻撃し、それを解体させる傾向を十分に有していた。

数学が重要な役割を持ち、数学的思考の普遍化ともいうべきデカルト哲学は、当時の社会における正確な計算の必要、科学・工学技術における数学的な言葉ないし考え方のもつ重要さ、に対応していた。が、今やことは、経済や国家における種々の上層指導者閥の国内的・国際的対立によって、大きく左右されている。理論的関心もまた、その多くがこれらの対立と関連したきわめて特殊な目的、とりわけ戦争や軍事産業に関するものへ向けられるようになった。「内外の諸関係の合理的な組織のかわりに、全体を犠牲にした、個々の文明部門のすみやかな広がりが生じた。一方は他方に対立し、それが人類を破滅に追いやった。」ヨーロッパ史のこの一世紀間が示すところによれば、人間は、みずからの生活を、人道的な自分の考えによって取りはからうことができなくなってしまった。彼らが基準とする理念と、彼らが行動によって再生産する社会的現実との間には、裂け目が存在するのである。人間は、多くの国においては、さし迫ってくる野蛮によって麻痺《まひ》してしまって、それに反対したり、それから身を守って安全になることが、ほとんどまったくできなくなっている。この転倒は、わけても経済的であり、経済を基礎にしている。正当な交換の、社会的不正への転換。自由経済の、独占支配への転換。生産的労働の、生産を阻止するような諸関係への転換。保持された社会生活の、人民貧困化への転換……。まさに時代の歴史的な運動は、終末に向かって進んでいる。こうした逆のものへ転換していく状況の認識こそ、批判理論がマルクスの経済学批判になぞらえられる所以《ゆえん》である。ともかくもこうして、個人と社会は分裂し、カントの理性批判がある暗さにまとわれていたごとく、人間は盲目的・非人間的な社会、見通しがたいメカニズムの車輪となっている。人間は自由・自律であるどころか、自己自身に関しても確実ではなく、自己自身を喪失し、今や自己にとって外的な巨大な力によって動かされ、あやつられている。そこでは、個人の相対的な独立性さえも無くなってしまった。個人といったものは消滅し、人間は、経済的な巨大メカニズムの諸機能として動いている。経済的なものがいっそう生々しく人間を規定し、文化領域といったものの相対的な抵抗力と実体性が消え去ろうとしている。それは、社会の進歩的な部分でさえ途方に暮れるほかはない状態である。批判理論は、まさにかかる状態、かかる矛盾を認識し、この矛盾を暴露する。批判理論のもとでは、分裂的諸矛盾は、意識された矛盾となる。

しかし、歴史や社会は、人間の活動ないし労働のプロセスであり、産物であった。したがって、現在の矛盾せる経済様式や、それにもとづく全文化は、人間の活動ないし労働の産物として、人類がみずからに与え、みずから行使した結果にほかならない。つまり、全体は彼ら自身の世界であり、彼らの意思にもとづいて形成されながら、しかも彼らの自覚的な意思を何ら示さない、非人間的・外的な不真実の世界となっているのである。すなわちこの世界は、本来の彼らの世界ではなくして、資本の世界なのである。かくて現実の矛盾は、人間がみずから生み出した自己矛盾であり、人間性の喪失（疎外）は、人間がみずからつくり出した自己喪失（自己疎外）なのである。この自己批判的な矛盾の認識が、批判理論を批判理論たらしめる性格なのである。

根源的・全体的、歴史的・弁証法的

かくて批判理論、より正しくは社会の批判的理論が対象とするのは、人間であり、全体的・歴史的な諸生活形態をみずからつくり出すものとしての人間社会である。伝統理論の出発点をなすものは、所与としての現実の諸関係であった。伝統理論はそれを知覚し、それを概念的に統一し体系化するものであった。が、それらの対象や知覚様式や問題設定や解決そのものが、人間の歴史的な活動（労働）のあらわれなのである。一つの表象作用とか知覚様式のなかにも、根源的・歴史的な活動の息吹が反映している。つまり表象作用や知覚様式もまた、つねに自己自身の方向を持つ歴史的な活動の、契機として機能するのである。

見たところ究極的と見える材料や対象が、実は人間の生産的労働と関係することを見ぬいた点において、批判理論はドイツ観念論と一致する。ただドイツ観念論は、このような根源的・全体的な活動を、精神的なものとした。すなわち、ドイツ観念論者にとって、活動、したがって歴史的社会的な所産は、超経験的な意識そのもの、絶対的な自我ないし精神にもとづくものであった。それゆえ、暗く無意識で、非合理的な面の克服は、人格の内面的心情の問題であった。これに反し、批判的唯物論的な見解にあっては、問題の根源的活動は社会的活動（労働）なのである。そのような社会的活動ないし労働は、歴史的・弁証法的に展開するものであり、現実の生活形態と結びついており、階級的である。それがまた、人間のさまざまの生活様式に、したがってまた理論にも影響を及ぼし、理論に反映するのである。それゆえ批判理論は、経済的なものを基礎として考えるとはいえ、専門の経済学に尽きるものではない。批判理論の根底に働く動機は、全体の歴史過程に対する

認識であり、全体的・根源的な社会の動向を見ることであり、純粋に専門科学的な経済学を見ることではない。たとえ、抽象的・経済学的な考慮をする場合でも、その考慮には、歴史的・全体的な観点が要請されているのである。それは、個々の分析においても、そのなかに根源的、全体的、歴史的な問題を見ぬいていくマルクスの『資本論』的立場であるといえよう。

部分的・専門的ではなくて全体的・歴史的である以上、批判理論はまた、弁証法的であり、超越的ではなくて現実的である。すなわち、すべてが人間労働の歴史的展開である以上、すべては社会的・時間的な相互関連にある。したがって、超時間的・超歴史的なものにしたがって認識されるのではなく、時間に即して存在するものにしたがって判断される。批判理論は、空虚なカテゴリーに立ち返ることではなく、逆に、あらゆる面で現実を隠蔽《いんぺい》する、空しい研究への逃避を避けるのである。それは全体的・歴史的な立場に立ち、具体的な経済的・社会的現状を分析し、その本質を暴露する。批判理論ないし真の哲学は、ほかの専門領域とは異なり、みずからのためにくぎられた専門の活動領域を、何ら有してはいない。

かくして、現実の矛盾に関する認識は、人間歴史の進行において人間自身がおかした矛盾の認識であり、自己がおかした自己矛盾の把握である。「市民的〔資本主義的〕経済は、個々人が自分自身の幸福を配慮することによって、社会の生活を維持するというところにもとづいていた。」だが、この構造には一つのダイナミックな動向が内在していて、それにより「最後には、古代のアジア的専制王朝を思わせるほどに、一方には途方もなく巨大な権力が、他方には物的・知的な無力が蓄積されるにいたったのである。生活過程のこの組織が有していた最初の実りの豊かさは、不毛と障害に転ずるのである。人間はみずからの労働によって、みずからをますます奴隷化するごとき現実を、新たにつくり出すのである。」プロレタリアートは、現代社会のなかで、自己の置かれた状況にもとづく自然との戦いのなかで、ますます力強い手段となる労働をしていながら、他方で絶えずすたれた社会——失業、恐慌、軍国主義化、テロ政府など——をつくり出している。が、それは以前のごとく技術の貧弱な可能性にもとづくものではなく、もはや現代に合わなくなった生産の社会的関係にもとづくのである。現在のゆがんだ支配的諸関係が、自然支配の精神的・物質的手段の正しい適用を妨げているのである。しかし、プロレタリアートのこのような状況も、このゆがんだ社会では、ことの正しい認識をもたらしはしない。プロレタリアートが、困窮と不正の存続・拡大をどんなにみずから体験しようとも、この体験の意識が直接通用してことの本質を解明するにはいたらない。批判理論はこの矛盾を見ぬくのである。

現実批判と、ヒューマニスティックな社会関心

現実の全体が帯びている矛盾を見ぬくことは、当然、現存体制に対するきびしい批判である。批判理論が批判理論である所以である。今日のような歴史的時期においては、真の理論なるものは、肯定的であるよりは、むしろ当然に批判的である。このような批判の主目的は、人々が、今日のような機構の社会によって吹きこまれる理念や行動様式に、われを忘れて専心し熱中することのないようにする点にある。逆にいえば、批判的・弁証法的思惟の展開は、現実の矛盾、現実がふくんでいる不真実の暴露であり、現実の社会生活に対する有罪宣告である。そして、このような批判ないし矛盾暴露の底には、この矛盾した非人間的な体制を変革し、理性的に組織されたヒューマニスティックな社会を建設しようとする関心が、強く働いているのである。

伝統的理論は、与えられた社会、与えられた価値体系のなかでの分業的・個別的職業であった。しかし批判理論には、このような特別の専門領域は与えられていない。それのみか、現存の歴史的・社会的な価値体系、目標、傾向そのものが問題なのである。しかし、現存する体制全体を批判的に問題にすることの底には、同時にゆたかな可能性を持つ人間への関心が存在するのである。批判は、人間の活動ないし労働が、理性的に組織化されることへの関心によって導かれているのである。批判理論は、この関心を明らかにし、この関心の正しさを証明しなくてはならない。それは、現存する支配的な営みのなかでそれに役立つような研究をすることではなくて、人間の諸欲求や諸力を満足させるような理性的世界をつくろうとする、歴史的な努力につながるのである。

もちろん批判理論は、専門科学の進歩を受けて絶えず自己の方向を考えねばならないし、逆に専門科学に刺激的な影響を及ぼしてきた。しかし批判理論と専門科学との相互作用にもかかわらず、批判理論のめざすものは、単に科学そのものの増大のみでなく、まさに奴隷的な諸関係からの人間解放である。あらゆる個人の幸福を目標とする批判理論は、進行する抑圧的なメカニズムの車輪たることはできない。まして、権威主義国家の科学的奉仕者のごとく、現実における悲惨な不幸の継続に同調するわけにはいかない。人間のいろいろな可能性の展開をめざすことは、権力と利潤の蓄積をめざす現存体制への同化やその体制の維持をめざして没頭することとは、別のものである。

しかし、今日の悲惨な不幸ないし矛盾の第一原因は、経済である。かくて批判は、このような現実の経済ないし経済主義の批判としての、経済学批判（国民経済学の批判）であり、資本の分析・批判である。したがって、非現実的・非歴史的な、単なる理念からの批判ではない。単に現実に対立するだけにすぎない、それ自体における善といったごときものからの批判ではない。批判は、経済的なものから分離させるべきではなく、現実の経済的な分析を通して、歴史的に示されるヒューマンな方向へ迫ることのなかにある。このような意味において、批判さるべき対象は、経済的なものを中心に動いている経済主義であり、科学の発展による成果を取り入れず、意識を一種の物質と見なす機械的な古いいわゆる俗流唯物論であり、国民経済学とそれに関連するリベラリズム（偽りの市民的自由、抽象的・内面的な自由の主張）である。さらにこのような社会の反映としての伝統理論的な専門主義、実証主義、存在論である。また、とりわけ現実の矛盾をたくみにすりかえて隠蔽《いんぺい》するファシズムである。

しかし、理性的に組織されたヒューマニスティックな未来社会、人間がみずから自由に諸関係の全体を規定するごとき社会を、もっぱら経済によって価値判断するのは、機械論的思考であって、弁証法的ではない。現在の社会において、経済が人間を支配し、したがってそれを変革すべきテコをなすものが経済であるならば、将来の社会は文化をふくめた、人間の全体的領域における人間の支配である。批判理論によれば、現在の経済を本質的に規定するものは、人間自身の生産である剰余生産物が、直接社会の手にわたっていかなくて、私的に取得されるところにある。したがって、この機構を廃止するためには、かかる生産物を社会化することにある。個人的な才能と業績能力にもとづく特権層がなおさしあたって存続するにしても、不平等は固定されてはならず、個人的・集団的差別は、漸次克服されなければならない。さらに、政府に対して個々人が積極的に関係することとか、人間の支配しうるすべての状態が個々人の現実的な合意にもとづくとか、要するに真の民主主義にもとづく社会的な連合の発展が、ヒューマニスティックに社会化されるということの内容なのである。現在の時のなかに根ざすこの未来社会は、時を超える空想的ユートピアではない。

理論と実践の統一

かくして、個人のなかにある目的意識や自発性や合理性と、今日の現実社会の基礎的な労働過程における諸関係との間の対立・矛盾を、廃止し克服することが、批判理論の動機をなすものである。批判理論が、現存する体制でのある階級のその都度の感情とか考えを形式化するにすぎないものであるならば、たとえばそれがプロレタリアートの意識内容の体系化であるとしても、それは専門科学と何ら構造的に違いのない伝統的理論である。そのような場合問題になるのは、社会心理学の対象である、ある特定の社会集団に典型的な心理的内容の記述であるであろう。それは、ことがらを理論的なワク組みのなかへ整理し統一する伝統的理論の立場である。これに対し、批判理論の主体が現実の矛盾の洞察・認識をこととする限り、それは、みずからが生みだした矛盾（自己矛盾）を廃止し克服しようとする関心に裏づけられている。逆にまた、この批判理論がこの関心を強めるのである。

伝統的理論にあっては、主体と客体、理論と行為とは分裂していた。そこでは、対象的客体は客観的事実として、理論から独立し理論を超えてはなれているものであり、そのようなものとして観察者そのものが何ら変えることのできないものであった。理論の対象を理論から分離して考える伝統的理論の前にあるのは、つねにもろもろの現象の系列だけである。科学は実践に役立つものであるにもかかわらず、みずから独立したものであるとうぬぼれ、実践を単に理論の彼岸のことと考え、実践的行為から分離されてただ思惟することに甘んずるのである。そこでは、思考は社会全体の内部で確たる使命を有し、自己の領域を有するとの主張に固執する。こうして伝統的理論は、すでに静観主義に陥り、ヒューマニズムを断念するのである。デカルト以来の観念論がいう市民的個人の完全な自由や自律は、見せかけのイデオロギーにすぎない。市民的な自我は、見通しがたい無意識的な社会にあっては、自己自身に関しても確実ではない。これに対し批判理論は、そこに別の意味を読みとる。すなわち、外的・自然的な力のなかに、人間のみじめな無力のしるしを読みとるのである。反面からいえば、対象的に眺められていた「自然の力と人間の無力」という相互に関連することのなかに、果たさるべき理念、なさるべき闘いを見るのである。

人間そのものに依存している諸関係とか、人間の労働における関係とか、諸関係そのものの歴史的な歩みとかが外的なものとして存する場合、それは超歴史的・永遠的なワクでないのみか、単なる自然でもなくて、同時にまた人間の無力のあらわれなのである。したがって、この無力に服しそれを黙視することは、人間的ではなく理性的でもない。外的な盲目的事象のなかでの人間の無力の自覚、それは他面から見れば、歴史的秩序へのプロテストである。人間の行為が外的なことがらの必然によるのでなく、みずからの理性的な決定にもとづくという自覚のなかには、深い意味を持ったある状況への理念的関心の裏づけがある。理念への関心、未来に関する真理は、与えられたものを、それこそ人間の理性的な自己規制が可能であるごとき体制へ転換させる闘いをふくんでいる。診断が正しければ、意思は休んでいるわけにはいかない。

かくて批判理論の主体は、考える主体であるにしても、行動する主体から分離することなく、社会的な闘いからみずからを孤立させることはない。それは、自然の強制から、また手かせ足かせとなってしまった社会生活のワクからみずからを解放しようとする、歴史的変革への闘いにつながっている。それは社会的不正を廃止し、人々の欲するところのものが当然あらわれるような状態、物ごとの成行きが理性的に支配されたものになるような状態、そうした状態への関心ないし現実的努力に結合している。たとえ自由が現存するものでなかろうと、批判理論は、現実の強固な体制の歩みのなかにあって、自由で理性的たるべき人間の無力を自覚し批判するものとして、批判する主体の活動、努力、意思に結びついているのである。そこでは、理論自身がすでに、現実を変革する実践につながっているのである。

「われわれは、人類が現在の恐ろしいできごとによってまったく落胆してしまうことのないように、また、社会の未来が人間にふさわしい、平和で、幸福なものとなることへの信仰がこの世から消え去らないように、闘わねばならない。」

存在判断の展開としての批判理論

理論の形式から見た場合、社会の批判理論も伝統的理論と同じように、抽象的な諸概念から出発して、具体的な事実を演繹的に説明し、推論していく。そしてもちろん、批判理論の内部における思考の個々の歩みは、専門科学の内部における演繹と同じように、厳密でなくてはならない。批判理論は、伝統的理論と同じように、理論的に必然的で明晰でなくてはならない。しかし、具体的な事実の経過に関して、両者は根本的に異なっている。

マルクスの『経済学批判』や『資本論』が抽象的な「商品」をもってはじめられたごとく、批判理論も、それが現在という時期を取り扱う限り、交換にもとづいた経済という特質から出発する。ここで、マルクスの場合に登場してくる商品・価値・貨幣といった諸概念が機能することができる。たとえば、具体的な社会生活における諸関係が交換関係として判断され、財の商品的性格について語られる場合のごとく。しかし、理論そのものは、諸概念を現実に関係づけることに尽きるのではない。交換関係は、そのダイナミックスによって社会的現実を規制し、支配し、市民的経済を基礎づける。封建的政府やツンフト制や農奴制を除去した市民社会は、交換関係のメカニズムによってみずからを維持する。批判理論は、この交換という根本関係から、あるいは諸科学や歴史的経験を介して、あるいは専門的経済学をはじめ自他の研究からの材料を取り入れて、世界を包括して

マルクス

いる現実の資本主義社会を明らかにする。すなわち、交換経済が現在の状況のもとで、いかにして社会的対立の尖鋭化、戦争や革命に押しやる尖鋭化を結果せざるを得ないかを明らかにするのである。判断のきびしさにおいては、それは伝統的理論と変わるところがない。が認識し判断する主体と客体との関係において、伝統的理論と批判理論は対立する。判断の形体が異なるのである。

判断形体と歴史的時期との間には、相互関係が成立するのである。簡単にいえば、前市民的社会において典型的なのは、定言判断である。すなわち、「事情はかくかくであるから、人間はそれを何ら変更しえない」という判断である。市民社会で支配的なのが、仮言的ないし選言的な判断形体である。すなわち、「ある事情のもとではこういう結果が生じうる、ことはそうであるか、ああであるかである」という判断形体である。これに対し批判理論は、こうなればああなる、ああなればこうなる、という仮言的な形体には一般に無関心であって、その判断は、「ことはそうあってはならない、人間は存在を変えることができる、そのための諸状況は今存在している」という存在判断となる。それは、大まかに内容化すれば、近代の商品経済は、みずからのなかに、対立・矛盾をふくんでおり、自然に対する人間の支配力を巨大にひろげたのち、最後には、人類を新たな野蛮に追いやるという判断である。そしてそこには、人類の解放された未来への関心が、同時にふくまれているのである。

伝統的理論観にもとづく専門的諸科学においては、さきに述べたごとく、主観と客観、理論と実践は分離されていた。主観と客観、認識とその対象は、二元的な対立であった。そこでは、自然的なことがらはもちろん、歴史的な事象も対象的・客観的なことがらの系列にすぎなかった。そこでの判断は、根本的には、こうなればああなる、これこれの条件によってことはこうなっていく、という仮言的な性格を有していた。理論が実践に適用されはするが、その場合の実践的適用は、理論から当然に由来するものではなく、理論とは外の、理論そのものにとっては別のことである。かくて理論は、そこで理論の独立性（うぬぼれの、見せかけの独立性）を誇っているのである。しかしそこには、ヒューマニズムに対する関心は見捨てられている。

批判的思考作用のそれぞれの歩みは、あの包括的な存在判断の構成の一要素である。それぞれのこの要素の導出は、専門科学の内部における導出と同様、厳密でなくてはならなかった。この個々の部分のためには、専門科学が利用された。かくて、批判理論の個々の部分は、一般的ないし特殊の仮言判断へ変えられるし、また伝統的理論概念の意味において使用されうる（たとえば、生産性が向上すれば、資本は規則的にその価値を低下させていく、といった場合のごとく）。しかし、市民社会の資本主義的メカニズムに対する批判理論の存在判断には、単にできごとの系列を叙述するにすぎない伝統的理論の把握とは異なって、同時に、その歴史過程そのものから出てくるこの秩序への、いわば人間の無力化へのプロテストがふくまれているのである。さらには、人類の行動が、もはや資本主義のメカニズムから自動的に由来するのではなく、人間の理性的・自律的な意思決定から出てくるような、理性的に組織された状態の理念がふくまれているのである。そこには、メカニズム的盲目的な過程を、右のような理念的状態へ転換させる闘いがふくまれているのである。伝統的理論は、変革に対して無関心であり、それをみずからには非本質的な、みずからの独立をさえ妨げるものと見なし、結果として現実への黙従ないし同調を生み出し、その限り現実にとってのイデオロギー的機能を果たすのである。それに対し批判理論、したがって存在判断は、上のような意味において、批判的・実践的な契機をふくんでいるのである。

伝統的理論を利用する批判理論

しかしこのことは、伝統的理論と批判理論が、単純な並行的対立関係に立つことを意味するものではなかった。理性的に組織された未来社会への関心をふくみ、現代社会に批判的な照明を当てる批判理論は、その理論構成において、専門諸科学によって形成された伝統的理論の手を借りなくてはならない。かくて伝統的理論のつくりあげた内容は、批判理論のなかへ取りあげられるのである。伝統的理論の知的活動のなかには、人間の現在の相が有している必要や目的とか、経験や能力とか、慣習や傾向とかが入りこんでいる。それらは、現存する社会関係のもとで使用しうるものであり、需要されるものである。しかしそれはまた、現在の物質的生産機構が未来においても重要な要素であると同様に、いっそう分化し、いっそう調和した、より正しい文化的全体の要素でもありうるのである。こうして、伝統的理論が有する社会的機能の手を借り、それを利用して批判理論を構成するという努力がなされるのでないならば、人間存在を根本的に改良しようとの希望は、その基盤を奪われてしまうであろう。ヒューマニズム的人間解放への関心のなかで、否、その関心のゆえにこそ、批判理論は、専門科学の進歩を期待するし、また専門科学の発展に寄与してきたのである。

哲学の伝統を受けて

批判理論は、マルクスの『経済学批判』になぞらえられた。現実が、商品交換にもとづく資本主義機構により、非人間的なメカニズムに陥っているからである。さらに批判理論は、カントやヘーゲルのドイツ古典哲学のなかに、みずからが問題にする問題点のあらわれを読みとった。それは、暗い、非人間的・非理性的な、個人と社会との分裂の洞察であった。このような洞察は、反面、人間的・理性的な社会への関心であった。およそ偉大な哲学者の思考は、つねに、このような理性的に組織された人間社会をめざしていたといえよう。かつてソクラテスが主張したのは、神々によって認められた伝統的な生活様式に対して、人間はみずからの理性と意思のなかにこそ神が住んでいることを自覚せよ、ということであった。

批判理論は、現在の暗い悲惨な諸状態の根源をきわめる『経済学批判』によって、個人の自由な発展、個人の幸福が、社会の理性的な体制に依存するという認識を確立する。それは、ドイツ観念論やマルクス理論の伝統を受け継ぐばかりでなく、それを超え、哲学そのものの遺産を保持するのである。すなわちそれは、よく生きることを念願し、人間存在の理性的組織化のなかに幸福の最高段階を見た古代哲学に相応するのである。

それらの哲学がめざすものは、他面からいうならば、既成の社会がその成員に浸透させる、日常生活でのあれこれの孤立した一面的な考えから人間を解放し、救出することであった。そのような意味で、現実を支配しているものの批判であった。プラトン哲学の目標は、一面的・孤立的な思考を批判し否定して、いっそう包括的な、よき生にふさわしい体制へ高めることであった。彼のいくつかの対話篇は、自己の立場を一面的に固執する場合、どうして矛盾に陥らざるを得ないかを論証するものであった。部分的にはたとえよき徳であろうとも、全体的・包括的な知に基礎づけられず、全体的な状況にふさわしくないならば、全体にとって有害にもなることを批判するものであった。国家は哲学者によって統治さるべきだとするプラトンの主張は、利潤しか知らない企業生活、戦力しか知らない軍隊生活、特殊の学問の成功しか知らない科学、……こうした専門的な精神が社会の無政府状態を典型的にもたらすものであり、したがって、全体を統一的に考える理性が必要である所以を説いたものである。

ヘーゲル

ヘーゲルにとって、現実の諸関係を否認するごときは、思いもよらぬことであった。それゆえにこそプロイセン国王は彼をベルリン大学へ招き、学生たちにしかるべき忠誠を教えさせ、彼らが反政府運動に感染することのないようにさせようとした。ヘーゲルはこのために最善を尽くした。しかしヘーゲルは、哲学者として、普通人の考えの一面性と狭さを克服するよう学生たちに教えこみ、すべての思考関係と現実関係との相互関連を彼らに洞察させなくてはならなかった。さらに、複雑で矛盾にみちた人類の歴史を考え、諸民族の生活のなかに自由と正義の理念を探求するよう教えなければならなかった。また、民族の原理が不適当で、新しい社会形態への機が熟するとき、それらの民族は没落していくという認識を教えなければならなかった。ところが、こうした理性的・理論的思考の指導は、当のプロイセン国家に対し、批判的な結果をもたらさざるを得なかった。真の理性、全体的・弁証法的思考というものは、反動者の仲間にはなりえずして、批判者となるのである。

批判理論は、まさにマルクス理論をはじめ、カント、ヘーゲルのドイツ古典哲学、さらには、ソクラテス、プラトン、アリストテレスの古代哲学における、批判的な伝統を受け継ぐものなのである。本来、哲学の真の社会的機能は、現実を支配しているものに対する批判にある。

苦難の道

批判理論は、現実の社会機構を批判しその変革をめざすものであり、その限り、現存社会のために何か有用な機能を果たすものではない。この現存社会にとって有用なもの、よきもの、合目的的なもの、生産的なもの、価値あるものなど、この現存社会秩序のなかで妥当する諸カテゴリーは、批判的態度にはいかがわしいのである。もちろん既述のごとく、批判は現存の秩序内で生起する理論を利用する。しかしそのことは、批判理論が、現存社会に有用な伝統的思考のごときプラグマティックな性格を有していることを、意味するものではない。農業における施肥《せひ》とか医学における治療などは、何らかの効果をもたらすことができる。しかし批判理論は、既存の現実に対し、何の物的な業績をも示しはしない。批判理論によってもたらされるものは、さしあたって、この理論と結びついている闘いの尖鋭化にすぎない。しかし、その闘いのめざす変革も、決して徐々にでも貫徹されるといったものではない。かくて少なからざる哲学者は、他学部の同僚が明確な活動分野を有して社会的な実りをあげ、うまくやっているのに羨望《せんぼう》の眼差しをなげる。こうしたことをうらやむ哲学者は、哲学を特殊の一科学として売り出そうと努力する。が、そのような哲学者は、すべての専門的個別科学から区別される哲学の性格を、理解していないのではなかろうか。理性を世界のなかに実現しようとして批判的・弁証法的思惟を展開する批判理論は、現実において何の直接的な有効も有していない。それどころか、現実の秘密、現実の矛盾をあばき出す批判理論は、否定的なものとして、専門科学が拠りどころとする一般的な基準や、人を納得させる証明を欠いている。そこでは、困窮を除去して人々を解放するための具体像が与えられているわけではない。変革への批判理論の諸関心が、一般に承認され多くの主体に共有されているわけでもない。それでいて、批判は執拗《しつよう》であり、強固でなくてはならない。苦悩はそこから由来する。批判理論はこの苦悩に耐えなくてはならない。

現実に対して有効性を持たぬのみではない。批判的思考の働きは、それが究極的に勝利するのでない限り、権力の陰で、決して伝統的理論のごとき身の安全を感ずるわけにはいかない。というのも、批判的な思考作用の背後でそれを見つめているものは、ほとんど迫害者であるからである。もちろんこの場合問題になるのは、単に心的な不安ではなくて、まさに身の危険である。ある哲学、たとえばストア学派やキリスト教が真理のもとでの心の安らぎを云々《うんぬん》し、また恐怖に直面したときの殉教者の魂が平静でありつづけたとしても、それは批判理論とは何の関係もない。悪の支配する全体主義のもとで、批判理論者が彼の生活のみでなく、また自我の維持を許されるとしても、それは単に偶然によるにすぎない。階級・搾取・剰余価値・利潤・悲惨化・崩壊などのマルクス的カテゴリーは、現存社会の継続・再生産においてではなく、現存社会を正しいものへ変革しようとするなかで意義を有すべき概念的要因である。したがって、時代遅れの秩序の継続に気をくばる判断様式ないし支配的な思考慣行の横行する現実世界のなかでは、それに逆行する批判理論は、それこそ逆に主観的・思弁的・一面的・党派的で、不公正な無用物と見なされ、そのようなものとしてあらわれる。それどころではない。人間に関して苦悩しつづける知的努力が、その意義に応じて批判理論に合流することから、理論一般そのものが不評をこうむって排斥され、理論的なもの一般に対する敵意が、公的生活において荒れ狂うのである。敵意は本来は、批判的思考と結びついている変革的活動に向けられるのであるが、今や無害の伝統的理論でさえ、理論なるがゆえにわざわいを受けるにいたる。かくてたとえば、数学的な中立的形式をとる科学的発言でさえ、あまりに理論的すぎるという非難をあびせられるのである。

理性的社会組織という理念は、いまだ正しい形で現存していなくとも、したがって、今日はまだ想像のなかに保管されているだけのものであるとはいえ、人間の働きのなかに内在し、すべての人のなかに基礎づけられ、めざされているものである。プロレタリアートは、貧困と不正の存続・拡大のなかに置かれ、その矛盾を身にしみて体験する。しかしこのような状況も、この現実社会では正しく認識されることなく、したがってプロレタリアートは、矛盾のこの体験意識を直接通用させるにはいたらない。上から強制されるプロレタリアートの分化とか、個人的利害と階級的利害の対立とかが、それを妨げるのである。知識人がプロレタリアートの創造力を讃え、プロレタリアートにおもねり、プロレタリアートを聖化することに満足を見いだし、もって理論的な努力をおこたり、みずからの思考によってもたらされるかも知れない大衆との一時的な対立を恐れるならば、それは、かえって大衆をいっそう盲目化させ、いっそう弱化させるものである。知識人の思考がプロレタリアートの気持ちに完全に沿っていることは、彼らに幸福感をもたらし、彼らを職業的楽観論者にさせる。が、ひとたび敗北という困難な時期にあたってこの楽観が動揺させられると、彼ら多くの知識人は、また根拠のない社会的ペシミズムとニヒリズムに落ち込みかねない。知識人の思考は、批判的前進的要素として、大衆の発展に寄与する。しかし、歴史的状況を深く把握し、未来性に富んだ批判的思惟というものは、ときに孤立して、みずからの足で立つより外なき運命にさらされるものである。知識人は、この重荷に耐えなければならない。

孤独な批判理論を守るもの

したがって、解放的な機能を持った批判的意識は、抑圧階級との対決はいうまでもなく、被抑圧階級たるプロレタリアートのもとですでに支配的である諸見解と対立することが、あるかも知れない。プロレタリアートの圧倒的多数のもとでは、せっかく努力して得た現実への適合が、批判的思考によってくつがえされはしないかという、無意識の恐怖が働くからである。鋭い批判的意識は、理論家とプロレタリアートとの対決的緊張の可能性のなかにおいてこそ、あらわれる。理論家の批判は、ただ単に、現存するものの意識的弁護者に対して攻勢的であるばかりでなく、みずからの戦列における偏向的・同調的ないしユートピア的傾向に対しても、ひとしく批判的・攻撃的である。批判理論は、未来像が思想と行動を規定する点において、またその頑固さにおいて、ユートピア的空想と同様のものを有するが、その理念が今日の生産力の状況にもとづく現実的なものである点において、ユートピア的思惟と袂《たもと》を分かつのである。

かくて批判理論の背後に、頼りうるごとき社会階級が存在するわけではない。ある層、たとえばプロレタリアートには、それが置かれた状況からして真理を選ぶよう決められていようとも、彼らの意識は、現在の諸関係のもとでイデオロギー的にゆがめられ、かえって現実的状況の変革をめざす真理を恐れさえする。ために批判理論は、この層によってさえ、ほとんど注目されずに追放されるのである。それどころではない。支配階級の理論家は、労多き出発であろうとも、後にはたしかな地位を与えられるが、反対側の批判的理論家は、ときには世間知らずのユートピアンとけなされ、ときには敵や犯罪者と見なされる。そして批判理論家の論の適否は、彼の死後においても、未決着のままに置かれるのである。しかし、宣伝機関や多数を自分の味方として有しているということが、よりよい論であるわけではない。歴史的な転換の前では、むしろ真理は、数的には少数のもとにありうるのである。批判的理論家の仕事の歴史的な意味は、すでにできあがった歴史的な姿のものではなく、むしろ人々がその仕事に関して語り、そのために行動するか否かにかかっている。不正のない社会への歩みを促進しようとする理論家の仕事は、この関心以外に、自己を守るいかなる特別の法廷を持ってはいない。しかし、歴史は教えている。苦しいいばらの道を歩みながら確として惑わされることのないグループは、彼らの深い洞察によって、いつか決定的な瞬間には頂点に立ちうるのだ、ということを。(以上、久野収訳参照。)

フロイトへの道

先述した内容が、三〇年代におけるホルクハイマーの代表的所論、「伝統的理論と批判理論」(同年に発表された「哲学と批判理論」や、四〇年の「哲学の社会的機能」をふくめて)のおよその性格である。ホルクハイマーを中心とする、ユダヤ系ドイツ人のこの学派は、いわゆる三〇年(一九三〇年)代、ナチズムの台頭により苦渋の道の運命へ追いやられる。同志は転々と亡命を余儀なくされ、最後にアメリカへ逃れ、必ずしも好意的とはいえなかったこの地で、ファシズムに対する理論的抵抗をすることとなる。その間、もっとも期待された同志の一人ベンヤミンは、既述のごとく、スペインからアメリカへ亡命しようとしてピレネー山脈を越える途中、スペイン国境で足止めされ、ゲシュタポ(ナチスの秘密国家警察)の追及を恐れてみずから服毒して命を絶ってしまった。「伝統的理論と批判理論」のなかの一節、「歴史は教えている、社会の反対的諸部分によってさえほとんど注目されず、追放されながらも確として迷うことのないようなグループは、彼らの深い洞察にもとづいて、いつか決定的な瞬間に頂点に立ちうるのだということを」という言葉のなかに、人は彼らのいばらの道と、屈することのない歴史的審判の確信にみちた批判的抵抗を、読みとりうるであろう。それは、まさにマルクスの『経済学批判』を

同志が辿る苦渋の道

拠りどころとする、しかし同時にまたドイツ観念論哲学に負うところ大であった理論的な闘い、したがって同時に実践に結びついていく闘いであった。

プロレタリアートの無力化とフロイト指向

マルクスの説に、またドイツ観念論哲学に負うところ大であった初期論文の当時（三〇年代）にあっては、ホルクハイマーは、プロレタリアートの統一した力が恐怖の支配を阻止し、より正しい理性的社会状態をもたらしうるであろう、と確信していた。世紀の前半、経済的危機ないし恐慌とインフレーションに襲われたヨーロッパの国々にあって、プロレタリアートの蜂起《ほうき》と勝利は、当然に期待できる歴史的必然であった。それはまさに経済的要素が歴史を決定するという、当時のマルクス主義的公式でもあった。が、歴史的状況はそうはならず、ファシズムないしナチズムに対して抵抗の主体となるべきプロレタリアートは、無力化するばかりか自発的に時流に協力さえするという道を辿り、ともかくもファシズムないしナチズムが勝利を占めていった。そこでは、どうしても経済的生産を担っているプロレタリアートの無意識をふくめた深層心理の精神的構造、自己保存的な生の衝動とともに自己破壊的な死の衝動あるいは破壊衝動といわれるものの分析が要請されてくる。こうして、フロイト（一八

フロイト

五六～一九三九）の精神分析が、マルクス主義と並んで、ホルクハイマー学派の柱となってくるのである。『社会研究誌』のなかに、フロムの論文がしばしば見うけられるごとく、もともと学派にフロイトを持ちこんだのはフロムであった。が、とにかくマルクス主義だけでは説明のつかない状況の展開は、伝統とか家族関係とかセックスとかの無意識的深層心理が介入して人間の性格なり行動様式が決定されてくるという点に、注目せざるを得なくなった。かくしてホルクハイマー、アドルノ、マルクーゼらにおいて、フロイトの無意識説の持つ批判的意味（反主知主義、反権威主義）以上に、積極的にフロイトの精神分析の方法が取り入れられることとなるのである。逆にフロイトの本能説を社会学化していくフロムは、しだいにフロイトから、そしてホルクハイマーのグループからはなれていくのである。が、ともかくこうして、人間の喜びや悲しみ、セックス、あるいは生・死の衝動など、人間心理の深層にある無意識的本能への注目から、権威主義的ファシズム、政治の優位、神話、その根底をなす文化、といったものを分析することが問題となってきたのである。

Ⅳ 権威主義的人間と権威主義的国家

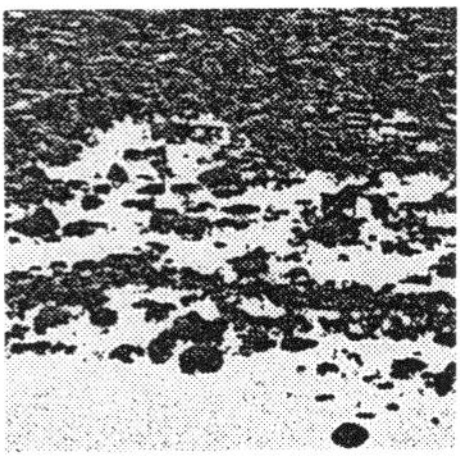

家族と権威主義的人間の形成

権威主義的人間

一九四〇年九月、ベンヤミンは不幸な自殺を遂げた。一九四二年、ホルクハイマーはこの同志の死を悼み、「権威主義的国家」論なる追憶文をものした。が、権威の問題は、一九三六年の『権威と家族に関する研究』、四九年の『偏見の研究』、五〇年の『権威主義的パーソナリティ』などの共同研究を一貫する問題であった。

ホルクハイマーによれば、権威主義的人間とは、啓蒙されていながら、同時にさまざまの迷信や慣習的価値観につきまとわれた保守的・現状維持的な人間であり、一人の個人主義者であることを誇りとしながらもみずからの独立性をうとましく思い、絶えずすべての他者と一心同体化した存在でなくなることとの恐怖に駆られ、力と権威をそれ自体のために受容・尊敬しそれに盲目的に従属していこうとする人間である。したがって権威主義的人間は、自己自身の社会的地位に窮々とした配慮をくばり、成功とか人気とか、それに似た価値に人間的価値の唯一基準を置く。徹頭徹尾、権威を重んじ、権威のきびしい施行を求め、権威に対する反乱を忌み嫌うが、それでいて他集団の陰謀や権力へのあがきといったものを非難する。既成的なものに固執し、批判的態度を破壊的なものとして拒否するのみでなく、「いかなる自己批判にも激しく抵抗し、失敗の責任を、自己の動機に求めるのではなく、常に他人や外部の、物理的、自然的環境に押しつける。」上からの苛酷に対しては従順でありながら、下の弱者のすべてを憎悪し、軽視し、道具ないし物として見るのみでなく、さらには苛虐さえするという、いわゆるサディスト・マゾヒスト的性格を帯びている……。（田中・矢沢・小林訳によるアドルノ著『権威主義的パーソナリティ』「はじめに」、清水多吉編訳によるホルクハイマー著『道具的理性批判』II「現代における権威と家族」）

そしてホルクハイマーによれば、このような権威主義的人間やその社会が、やがてナチズムやスターリン体制を、さらにはアメリカをはじめとする先進工業社会の支配的管理体制を生み出すことにもなっていくのである。

家族における権威主義的人間の形成

「大部分の個々人の精神的性格に対し、意識的メカニズムによるにせよ無意識的メカニズムによるにせよ、決定的な影響を及ぼす諸関係のうち、とりわけ重要な意味を持っているのは家族である。家族におけるできごとは、子どもを非常に小さいときから性格づけるし、子どもの才能の発展にとって決定的な役割を果たす」と、ホルクハイマーは人間形成における家族的機能を問題にする（共同研究『権威と家族に関する研究』「総論」――清水多吉訳による）。そして家族において、権威主義的人間の諸能力が性格づけられる、というのである。

ところで、その家族そのものがわれわれの社会生活のなかでの一つの組織である以上、当然家族は現実的社会を反映し、したがって家族での人間的性格の再生産は、同時に現実的社会生活の影響を受けるのである。が、また逆に、ホルクハイマーによれば、「ブルジョア的秩序の存続は、まさにこのような家族内の権威主義的行動に依存するところ大なのである。」すでにキリスト教会は、社会の秩序に従順な権威主義的人間を育成すべき課題を、家族に求めていた。すでにアウグスティヌスは次のように説いている。「家族の平和は、社会の平和と深いつながりを持つ。つまり家族員が命令と服従とを受け入れるのに素直ならば、その秩序正しい調和は、とりも直さず市民の秩序正しい調和にもなるものだ。それゆえ、家父長は、社会の法を手本とし、その手本にしたがって、社会の平和に適合するようおのれの家族を導かねばならぬ」と。

家族的機能の展開史

だが、近代にあっては、家父長の権威にもとづく権威主義的人間の形成という家族的機能の状況は、アウグスティヌスの勧めほど単純で一般的なものではない。そこで、その展開史がホルクハイマーによって追求されていく。経済生活ないし生産過程と密接に関連しているこの展開史は、ホルクハイマーの分析によれば、いわば家父長の権威または家族生活的結合が、産業の工業化にともなって弱体化ないし解体していく過程であるともいえるのである。

近代にあっては、かつてカトリシズムが行っていたように、至福にいたるための手段として教会への服従が重視されたり、聖俗両方の秩序によってがんじがらめにされたりするようなことはなく、勃興《ぼっこう》するブルジョアの体制にともなって、問題が自分自身の目的、義務、あるいは目標とされるにいたった。たとえばプロテスタンティズムにあっては端的におのれ自身にしたがうことがめざされ、労働、利潤、資本の処分権が自己目的となるような信念が導入され、おのれ自身に導かれて労働すべきだとされた。

絶対主義の時代から自由主義の時代にかけての家族にあっては、一つの新しい契機がますます強く立ちあらわれてきた。それは、もはや直接の服従が要求されるのでなく、逆に理性の使用が要求されてきたのである。世の中を冷静に観察しさえすれば、各個人が順応し服従しなければならないことがわかるであろう、というわけである。自然によって与えられたものは、神の望みたもうものである。「事実を認識するとは、事実を是認することでもある。」かくて自然によって与えられた家父長の肉体的強健さ、肉体の優位制――そのゆえに家父長は権利上でもより強力であるが――は、同時に尊敬すべき道徳的なものである。「子どもは家父長の優位性を考慮すべきであるというのみならず、考慮すると同時に尊敬すべきなのである。」家父長は、おのれの強健さのゆえに、おのれに対する尊敬・服従を子どもに対し、家族員に対して道徳的に要求するのである。

外部の現実の反映である家族内のこのような状況には、家族の外の現実が持つであろう権威構造がすでに先取りされている。世に見出される生存条件の間のアンバランス、ブルジョア社会での富裕と貧困とは、自然によって与えられたもので、したがって素直に甘受すべきものと見なされ、そのような生き方が変えられてはならないとされるのである。こうして子どもは、ブルジョア的権威関係の現実を肯定するという教育を受けるのである。

かくて父親の望む教育は、過失を自分自身の責任に求めるような人間の形成である。「子どもたちが父親の圧力のもとで学ぶのは、あらゆる失敗をその社会的原因に還元するのではなく、あくまでも個人的原因にとどめ、この個人的原因を宗教的に罪として実体化するか、ないしは自然的に天《てん》賦《ぷ》の才の欠除と見なす、ということである。」前者の罪の感情の強制は、権威的現実に対する批判を挫折させてしまう。また後者の、深層心理学も教示した劣等感は、是認しえない当の社会状態に対して向けられるはずの多くの拒絶的、批判的エネルギーを、殺してしまうのである。

産業の変化と家族機能の変遷

家族の本質的なあり方が、家族をとりかこむ社会体制と不可分に結びついている以上、両者は互いに関連しあい影響しあう。家族は自明のこととして社会のダイナミズムに左右されるが、しかしまたそのあり方は社会に影響を及ぼすのである。父親の権威は社会における彼の役割にもとづいており、また逆に、社会は家父長的教育の手をかりて刷新されたのであった。近代の初期、家族は生産共同体としての機能を有していた。そこにおいては、家父長はその生産的な営為において直接前面に立ち、家族構成員に対する父親の権威は家族構成員を精神的物質的にリードするものとして実質的合理性を持っていた。だが産業革命以降になると、家族は生産共同体としての機能を喪失し、単なる消費共同体へと変貌していく。近代の大工業は失業を増大させ、快適な家庭を破壊し、夫ばかりでなく妻をもまたしばしば家の外での苦しい労働へ追いやることになった。こうして工業の発展の影響下で、家族は決定的に変わってきたのである。そこで、かつて父親が持っていた実質的・合理的な権威は失われ、単に形式的・イデオロギー的で非合理なものと化してくる。家族においてもまた、権威に対する隷属と従順さのかわりに、合理的考慮、自発的服従といったものが立ちあらわれてくる。家族構成員の自立化、アトム化が進展する。それは家族の内的解体である。

とすれば、経済の変貌を基盤にした歴史の進展によって、家族のなかでの権威主義的性格の形成、あるいはこれを形成する教育は消滅の経過を辿るのであろうかといえば、そうではない。「本質的に経済単位としての家族が、その基盤を失えば失うほど、社会はむしろその伝統的形態を強調してくるようになる。」「重要な諸変化にもかかわらず、家父長的家族の構造に由来する道徳的、宗教的思考や、イメージが相変わらずわれわれの文化の中核をなしているのである。」家族のなかに根を下ろしている感情、立場、信念等は、われわれの文化の基石として、社会を結束せしめる要素となっている。「深層心理学は、多くの人々のなかにいかに依頼心や深い劣等感が潜んでいるか、また精神生活の全体がいかに秩序や従属といった概念に縛られているか、ということを教示してきた。」社会がおのれに内在する法則によって危機状態に陥れば陥るほど、家族はそれだけ危機におけるおのれの課題を処理しえなくなるが、そこで国家が登場して、以前よりより強力に権威自体についての教育をみずから行使するようになる。こうして、「家族がおのれの持っている権威を、独自の形態で家族構成員に及ぼすことを停止するや否や、家族はたちどころにより大なる権威（国家権力〕がそのまま執行される場所となってしまうのである。」

ホルクハイマーにとって、権威的な父に対して、彼の母は愛の象徴として、ホルクハイマーの敬慕の的であった。とすれば、愛を原理とする母親は、一般に、権威を緩和する役割を果たす存在ではなかったろうか。だがホルクハイマーによれば、ブルジョア社会における婦人の解放も、考えられたほどではない。婦人はたいていの場合、伝統的・保守的で体制に順応し、「既存のものの権威を強化するのである。」「夫の地位と収入に左右される者として妻が当てにすることは、家父長が諸関係に順応してくれること、いかなる状況のもとにあっても、支配権力に反抗することなく、さしあたって出世するために全力を尽くしてくれることである。」今日アメリカにおいて、感傷的な母親崇拝という現象が盛んであるが、それは母親の地位の低下と矛盾するものではない。そこでは、かえって権威的抑圧の精神さえもが強化されることになる。となると、子どもたちは母親の愛のなかで、解放されて自立化し権威や支配に抗するどころか、「母親の教育のなかで、支配的秩序に身をゆだねる精神作用を学ぶのである。」

かくて、ホルクハイマーによれば、経済構造の工業化的展開にともなって家族も変化し、その機能も弱化していった。そして家族構成員個々の自立化・アトム化がもたらされた。にもかかわらず、単にイデオロギー的・形式的な自立化・アトム化によって、孤立した個々人は社会のなかにつみこまれ、社会のなかの諸制度・諸規範によって社会化され、家族はそれら社会の権威的諸規範を受容し強化する場となってしまった（かつてカント哲学において、理性にもとづく内的な自律的自由とフリードリヒ体制という外的権威への従順とが両立したごとく)。かくて、権威主義的性格の育成はある時期の一時的現象ではなく、かなり永続的なものとなる。いうまでもなくそれは、ホルクハイマーにとって、ナチズムが育成されてくる地盤を意味するであろう。

権威主義的国家

権威主義的国家の成立

生産共同体としての家族は、ブルジョア社会の工業化への展開にともなって、消費共同体へと変貌していった。それにともなって、強力な家父長権威のもとで形成された権威主義的人間（権威に拘束され、権威に従順な人間）も家父長的権威の緩和のもとに置かれ、やがて形のうえで自立し、アトム化していった。家族の解体である。

この資本主義的経済体制の工業化・機械化にともなって、ブルジョアジー自身も大量に没落した。彼らはプロレタリアートや、それどころか失業者の大群のなかへ突き落とされるか、さもなければ巨大コンツェルンや国家への隷属に落ちこんでいった。単純な商品生産にもとづく流通領域も破産し、流通の任務もあるいはトラストによって、あるいは国家によって取りしきられるにいたった。いずれにせよ、「資本主義社会の公の代表者たる国家は、結局のところ、生産の管理を引き受けなければならないことになる。」「近代国家が生産諸力をその所有におさめればおさめるほど、それはますます実際上の総資本家となり、ますます多く国民を搾取するようになる」（寺沢・山本訳、エンゲルス著『空想から科学へ』）。こうして、生産および流通の巨大な組織は、最初は株式会社によって、ついでトラストによって、そしてついに国家によって領有されることになる。こうして国家に統合された資本主義の機構、それがホルクハイマーによれば「国家資本主義」なのである。そしてそれは、国家の権威にもとづき、それに従属し、それに隷従する権威主義的人間によって支えられているものとして、「権威主義的国家」なのである。

マルクス主義、たとえばエンゲルス（一八二〇〜九五）によれば、団結したプロレタリアートは、搾取の最終形態である国家資本主義的隷属制を根絶することになっている。だが、とホルクハイマーは、権威主義的国家、つまり国家資本主義におけるプロレタリアートの隷従性を、以下のように分析し批判していくのである。

エンゲルス

労働者組織の官僚化

「労働組合や左翼諸党派の団結という合い言葉は、基本的には遵守されていたが、これらの組織は団結せるプロレタリアートの意思的課題、つまり階級社会一般に対する抵抗をほとんど貫徹させることなく、むしろ、大衆組織になろうとする組織独自の展開の自然な諸条件に従っているだけのことである。つまり、それらの組織は、経済の変動に追随してきただけであった」（清水多吉編・訳『権威主義的国家』――以下、この訳によるか、あるいはそれを参照）。

たしかにプロレタリアートの諸組織は、さまざまな改良をめざし、大きな重要性を得てきた。左翼政党は社会立法のために努力した。労働組合は、職能集団としての利益を勝ちとってきた。「過去だけが知っている辛酸な労働などは、もはや、問われることはなくなった。そして、労働は市民の誇りから失業者のあこがれになった。」だが、組織の巨大化は、その官僚化を生み出したのである。大規模な労働者組織は、それが大きくなればなるほど、有能な指導者を必要とする。その指導者は、組織から独立し、支配権力として構成員を客体化し、管理し規制し支配する。ちょうどそれは、独占企業において、重役会が株主総会から独立し、大衆株主を犠牲にし、かつ寄生的存在へ追いやるのに似ている。またそれは、統合された権威主義的国家下において、その官僚的指導者が社会全体との間に持つ支配-被支配関係と同様になる。

労働者の国家指向

労働者組織のこうした官僚化に対して、批判や反乱がなかったわけではない。労働者は、指導の画一主義、大衆党への変貌、不動の規律に反対した。あらゆる形態の「支配と搾取」の根絶ということが宣伝文句にすぎないことを見ぬいていた。ストライキを制限する賃金契約、資本主義的立法への協力、いわゆる現実主義……などを批判した。だが、組織の存続のためには有能な官僚的指導層ないし専門職員を必要とすることから、反対派の抵抗運動はいたるところで挫折し、反対派集団自体も官僚的組織へ転身せざるを得なかった。まさに順応こそ資本主義のなかで存続し繁栄するため、支払わねばならぬ代償であった。そもそも労働組合の綱領は議会主義と対立するものであるが、そのような綱領を持つ労働組合でさえ、ゼネラル・

ストライキや直接行動といった尖鋭な行動からは遠ざかってしまった。結局、評議会《レーテ》民主主義へ展開していくのではなく、労働、規律、秩序が共和国を救いうるのであり、革命を片づけうるというのである。巨大な革新組織は社会化の理念を推し進めるが、それは国家資本主義の国有化・社会化とほとんど異ならない。また、国家資本主義の民族化と同じく、労働者組織の指導者も、民族共同体を指向するのである。こうして革新であるべきはずの労働組織は、戦争においても、体制に協力することとなるのである。「権威主義的国家への方向性は、ブルジョア時代におけるラディカルな諸党派にとって、ありうべき方向性であった。」「ドイツの社会主義的大衆党を基礎づけたラッサールと、ドイツの国家資本主義の父であるビスマルクとの暗い関係は象徴的であった。というのは、両者とも国家的統制をめざしていたからである。」こうして、政府も、それを批判すべきはずの党派や労働者組織の官僚主義も、右にせよ左にせよ、社会過程におけるそれぞれの立場に応じて、何らかの権威主義的国家形態を指向したのである。

権威主義的国家の抑圧性とそれへの協調

ともかくも資本主義の巨大工業化への展開にともなって、家族の社会に対する抵抗は、家族の解体につれて希薄化した。ところが、国家に対する敵対者あるいは自立的要素ともいうべき労働者組織ないし左翼諸政党も、第一次世界大戦後、評議会《レーテ》を中心にして闘われたドイツ革命が敗北するとともに、後退に続く後退の道を辿った。そしてさきに見たごとく、全社会の代表者と称する国家によって自立的要素を奪われてしまった結果、強大な国家権力を持ち、資本を集中・独占する国家資本主義ないし権力主義的国家が登場することとなったのである。それは、経済の独占と指導とを手中にする形態である。そこでは、強制力は強化され、絶対的優位性を持つ権限を管理し擁護するものとして、警察がすみずみまでその活動をおしひろげている。つまり権威主義的国家は、たとえどのような形にせよ、抑圧的である。それが社会を支配すれば、支配の合理性は失われ、テロリズムと同じものになる。権威の解体を進めるべきはずの近代理性が頽落《たいらく》し、非合理な権威的支配のもと、体制は技術的合理性によって運ばれていく。「労働力という商品所有者の主張する平等性とは、単なるイデオロギー的見せかけにすぎないものであるが、それさえも産業体系のなかで消滅し、権威主義的国家においては、公然たる支配に席をゆずってしまったのである。」一九世紀の制限された自由でさえも、権威主義的国家によって、解体されてしまった。さまざまのコントロールのもとで、「ますます強い抑圧が結晶化したのである。」「権威主義的国家の敵対者でさえ、もはや自由を考えることができなくなっている。」そしてこのことが、コミュニケーションを破壊してしまっているのである。言語はそらぞらしいものになり、人は言語で自分自身の衝動を認識することはないし、言語が衝動に火をつけることもない。今日、すでに現実はほとんど権力によって決められているので、もはや口出しのしようがない。自由なしには認識も、連帯も、集団と指導者との間の正しい関係も考えることができないのだが、その自由への指向は、決定的に損なわれてしまっている。思考そのものがすでに抵抗の一つのしるしであり、もはや自己を欺くことのない努力であるが、自由主義への回帰がもはや存在しないとするなら、人間活動にふさわしい形態は、国家資本主義の推進以外にないのかも知れない。国家資本主義に共働し、それを展開させ、さらにそれをいたるところでおしひろげることは、進歩のメリットを示すものだ、という人もあれば、「プロレタリアートは古い国家権力から、もはや何ものをも期待することができないゆえに、新しい権力と結びつく以外の何ものも残されていないのだ」という人もある。彼らによれば、指導層とプロレタリアートとの同盟が基礎づけられるべきであり、倒された者のために、国家資本主義に否定的態度をとるのはセンチメンタルである。国家資本主義こそ、今日の唯一の可能性なのだ。「プロレタリアートがおのれ自身の革命をしない限り、プロレタリアートとその理論家にとって、世界精神がともかくも選びとった道を歩む以外に、選択の余地は残されていない」というのである。が、そこでは、人間が資本主義下において、あるがままに評価されているにすぎない。世界史がこうした道を歩んでいる限り、世界史が人間的使命を果たすことはないのである。

期待される方向

以上が、国家資本主義あるいは権威主義的国家なるものに対するホルクハイマーの分析・批判であった。彼はそのような体制を、既述のごとく、ナチズムないしファシズム国家において、ソ連、とくにスターリン体制において、さらにはアメリカをはじめとする先進資本主義国において、見たのである。

彼はこの権威主義的国家に対して、あるべきものとしてどのような方向を期待していたのであろうか。彼はいう。国家資本主義の崩壊は、容易に見てとることができる。すなわち、その崩壊は、官僚制度の存在によって、生産性が阻止されるところにうかがうことができる、と。またいう。弁証法は発展と同じものではない。社会革命は一方、生産手段の社会化、生産の計画的指導、測りしれない自然支配、などをもたらす。が他方、社会革命は、積極的な抵抗と絶えず繰り返される自由のための闘いなしには決して生じないもの、すなわち搾取《さくしゅ》の終焉をもたらすものである。かかる終焉は、もはや進歩の促進ではなくて、むしろ進歩の外へ飛躍することである、と。そこには、自由の実現を歴史の連続の切断において見ようとしたベンヤミンへの追憶がうかがわれるであろう。

また、この「権威主義的国家」論のなかには、一九一八年の、ドイツ一一月革命の際各地で形成され、一八歳の若きホルクハイマー自身も見聞した直接民主制にもとづく評議会《レーテ》への郷愁が、各所にうかがわれるのである。わけても次の言葉は、それを証示するであろう。「人は、世界的な権威主義的時代の到来を予期して恐れおののくが、このような恐れといえども抵抗を押しとどめることはできない。ある階級やら党派やらによる管理機能の遂行は、あらゆる特権の廃止を求める階級なき民主制形態に置きかえられてしかるべきである。後者の形態なら、行政的立場から権力的立場への上昇過程を阻止することができるからである。かつてブルジョアジーが財産によってみずからの政府を支持したとき、この新しい社会において、管理が支配へと転化するのを阻止しえたのは、ただ代表権を持たぬ者の強固な自立性のみによってであった」と。そしてこの言葉は、さらにソ連流のマルクス主義に対する批判へとつながっていく。「人はおのれ自身の背後に何ものかの支えを持っているなどという信念は、今日破産してしまっている。だが、少なからざるマルクス主義者たちがまた、このような信念に取りつかれている。一つの偉大な党、多くの尊敬を一身に集めた一人の指導者、あるいは無誤謬の理論といったものとともにあるという感情なしには、彼らの社会主義は機能しえなかったのである。行進する大衆への献身、集団主義への熱狂的同化など、要するにニーチェの軽蔑の対象となったまったくの俗物の夢は、権威主義的青年の諸同盟に喜々として復活を見ているのだ。」そこには、ホルクハイマーのなかに、かつてレーテに、あるいは労働者階級に寄せた期待が裏切られ、権威主義的人間に支えられた権威主義的国家が蔓延《まんえん》していくことへのペシミズムが、根づいているのをうかがわせるであろう。

ときは第二次世界大戦の真中である。この権威主義的国家論にはナチズムの犠牲となったベンヤミンへの追憶、レーテへの郷愁とともに、一貫して戦争に反対して権力に抗し、最後は虐殺されたローザ＝ルクセンブルク（一八七一〜一九一九）への同情と共感があった。そしてカリフォルニアにおいて、理性の頽落を嘆く『理性の腐蝕』が、さらにアドルノとともに野蛮への文明の転落を追究する『啓蒙の弁証法』が、労作されつつあったのである。

V

啓蒙の弁証法

啓蒙の光と影

一九四一年、ニューヨークから南カリフォルニアへ移住したホルクハイマーとアドルノは、共同して、西欧文明に関して、その光と影について省察することになる。隣人には、さきに触れたごとく、この地へ亡命していたトーマス＝マンもいた。三人は親しく往来して、交わりを深めた。マンはアドルノの音楽的才能に助けられて、音楽小説『ファウスト博士』をつくったといわれる。

省察を凝集させた背景

ホルクハイマーとアドルノのこの共同省察の成果が、一九四七年アムステルダムから世に出た『啓蒙の弁証法』である。この著は、さきに触れたごとく、「何ゆえに人類は、真に人間らしい状態へ進むかわりに、一種の新しい野蛮状態へ落ちこんでいくのか」という序言の言葉に象徴されている。このような言葉、このような内容へ彼らを凝集させた背景には、神話的・野蛮的なファシズムの台頭があり、スターリン主義への懐疑があり、第二次世界大戦の勃発があり、プロレタリアートの無力化がある。また、亡命地アメリカでの近代文明の暗い影（大衆的文化や大衆操作）があり、さらにまた、反ユダヤ主義やユダヤ人に対するファシズムの苛酷な迫害があった（アメリカにおいても、反ユダヤ主義の風潮が存した）。一九三九年、『社会研究誌』所載の「ユダヤ人とヨーロッパ」において、ホルクハイマーは怒りをこめて、大胆不敵な暴力の非人間性を、神格化されるにいたっている現存在に対する崇拝の念の拒否を、訴える。そして、「今必要なのは、結局のところ、先行した諸事件を理論的に洞察し、伝達することそれ自体なのだ」というのである。そして後ほど、『啓蒙の弁証法』のなかの一章として、直接「反ユダヤ主義の諸要素」が省察される。（この「ユダヤ人とヨーロッパ」という論文の「一九三九年九月一日」という日付は、独軍のポーランド侵入の日にあたり、翌々日の三日には英仏が対独宣戦し、第二次世界大戦が勃発する。）

それにしても人類は、啓蒙ないし文明化の果てに、どうして逆に野蛮状態（ナチズムはその最たるものである）へ落ちこんでいくのか。こうした状況の洞察は、すでに彼ら（ホルクハイマーとアドルノ）がカリフォルニアへ移住した一九四一年における『社会研究誌』最終号での、ホルクハイマーの「理性の終焉」に次のように示唆されている。

「社会研究誌」

理性の終焉

西欧文明の基本概念――その中心をなすものがまさに「理性」の概念である――は崩壊しつつある、という言葉をもってこの論文ははじまる。「ヴォルテールは、理性は『人間に対する神の無限の賜物であり、あらゆる社会、制度、秩序の源泉である』とのべて」理性をほめたたえた。「古代において、理性は卓越せる造物主と見なされていた。カントによれば、あらゆる逆転、暗黒期、逸脱といったものがあるにせよ、理性の勝利に向かって進むのが、世界史の隠された意味である。自由、平等、そして真理という概念は理性と結びつけられてきた」(清水多吉訳)。これらの概念は理性に本来備わっており、理性によって認知され、理性によって必要なものと考えられた。「理性の時代とは、ブルジョアジーがみずからの世界のために要求した尊称なのである。」ところが、今や合理主義的理性は、資本主義の発展と危機、権威主義によるその再編成、さらには国家資本主義(全体主義国家)の成立などにより、懐疑のなかに落ちこみ、解体の危機にさらされている。そして、かつての神的な意味を失って形式的となり、目的に対する手段的道具へと落ち込んでいる。目的にそって手段をよりよく按配《あんばい》する道具なのである(人はここに、一九四七年、『啓蒙の弁証法』と同年に世に出た、ホルクハイマーの『理性の腐蝕』＝(独訳)『道具的理性批判』の発想をすでに読みとるであろう)。このような道具への転落は、理性そのものの崩壊であり、それは同時に個人の自由・自律の喪失である。理性の崩壊と個人の崩壊は、一つのものである。「人間は以前のように、単に工場の敷地内でだけ機械の付属品となっているのではなく、今やあらゆる部門で付属品一般に成り下がっている。反省的思考や、さらには理論でさえも、意味を失っている。」「自我と内省的理性が崩壊するにつれて、人間関係は、ある極限に近づきつつある。その極限とは、あらゆる人間関係の経済関係による支配、つまり、全生活が商品によって普遍的に媒介されることへの転化である。このように理性の転落・崩壊が論じられた後、最後に「自己自身を破棄していく理性の進展の果てには、野蛮への退行か、あるいは新しい歴史の開始か、それ以外のいかなる道も人間には残されていない」という言葉をもって、この「理性の終焉」論は終わるのである。

『啓蒙の弁証法』への道

そこには、第二次世界大戦の開始、同志ベンヤミンの自殺、マルクス主義集団と見なされたホルクハイマーらに対するアメリカでの冷たい反応、同志たちの四散や生活苦……なども重なっての、暗い影がうかがわれるのである。かつて戦闘的唯物論者あるいはマルクス主義者として、プロレタリアートの蜂起や現代の意識に寄せた彼らの信頼は薄らぎ、放棄されざるを得なくなっていった。また、革命後の社会主義国家は、スターリン主義に象徴されるごとく、自由であるどころか官僚的圧制という失望的な支配形態を生み出した。もちろん、一九四〇年代の経過とともに、すでに、ヨーロッパのファシズムの敗北は見通されうるものとなっていた。だがホルクハイマーらは、科学的・技術的進歩のなかに、ファシズムが征せられても決して克服されてはいない全体主義的体制、理性（啓蒙）そのものの退廃の相を見たのである。理性（啓蒙）や市民的文明の自己崩壊、野蛮への転落、といった現状に直面しては、『啓蒙の弁証法』の序文にいうごとく、「思想はもはや、時代精神の習性や方向にどこまでもいい気についていくことを、きっぱりと拒否しないわけにはいかないのである」（徳永恂訳による。以下も同訳によるか、あるいはそれを参照した）。

かくて、文明ないし理性（啓蒙）の転落過程（自己崩壊）の由来をたずねようとする試み（『啓蒙の弁証法』）は、反省的省察という性格をとることになる。その省察は、「伝統的理論と批判理論」

における ごとき、社会的変革の問題ではなく、自然と人間との関係であり、自然支配の問題であり、そこで重要な意味を持ってくる理性による支配の問題である。つまり、そのような支配の道を辿って袋小路に追いこまれた、歴史的理性の批判的省察なのである。そこに、一九四〇年を境にしたホルクハイマーの変貌――いわゆるオプティミスティック（楽観的）あるいは戦闘的な相から、いわゆるペシミスティックのあるいは諦観的な相への転身――と世にいわれるものがうかがわれるであろう。

『啓蒙の弁証法』のめざすもの　「今日の人間が陥った自然（野蛮）への頽落《たいらく》は、社会の進歩と不可分のものなのである。経済的な生産性の向上は、一方ではより公正な世の中のための条件をつくりだすとともに、他方では技術的機構とそれを操縦する社会的諸集団とに、それ以外の人民を支配するはかりしれぬ優越性を付与する。個々の人間は経済的諸力の前には完全に無力であることを宣告される。その際経済的諸力は、自然に対する社会の支配力を想像を絶する高さにまで押しあげる。」

こうして、科学的・技術的な進歩は、もはや飢えや戦争や抑圧のない世界が夢ではないような状況にまでおしすすめられたにもかかわらず、他方で人を利巧にすると同時に白痴化し（精細な情報やどぎつい娯楽の氾濫がそれである！）、幸福をもたらすはずの財が不幸を招く要素ともなる。フォルクス－ヴァーゲンやスポーツ殿堂は、現実の害悪をおし隠すイデオロギー的カーテンになる。こうして文明の進歩は、一方で自然に対する人間の支配を高度に高めるとともに、他方で技術的・実用的意識を生み出し、それは、真理、自由、正義、ヒューマニティーといった人類の理念を、単に言葉上の非現実的なものにしてしまう。そこに、まさに全体主義の地盤が準備されるのである。この啓蒙の自己崩壊の認識、この認識の促進、それが『啓蒙の弁証法』のめざすところなのである。理性あるいは啓蒙が、すでにそれ自身のなかに逆行ないし自己崩壊の萌芽を有しているとするならば、ホルクハイマーやアドルノがここでいう「啓蒙」は、いわゆる一八世紀の運動に限定されるのではなく、「呪術からの解放」という包括的な、ひろい意味での啓蒙を意味するのである。

啓蒙の概念

啓蒙とは？　「啓蒙」とは、世界を呪術から解放し、神話を解体し、合理的知識によって空想の権威を失墜させ、もって人間から恐怖を取り除くのみか、人間を自然に対する支配者の地位につけ、人間の自己保持をめざすものであった。人間の自然支配とそれによる自己保持、それが啓蒙の目標であった。F＝ベーコンのいう「知は力なり」の力は、そういう脱呪術化、脱神話化の力であり、自然に対する人間の支配と自己保持を可能にし、保証するものであった。

呪術からの解放　呪術からの解放とは、質的に多様なあらゆる存在にマナ（超自然的霊力）がやどって活動しているとする、アニミズムの根絶である。アニミズムの原始的な段階にあっては、神と人と物とは、ともに生ける自然の一部として、相互に融合しあった親和の関係にあった。そこでは、それぞれは相手を模倣し相手に同化する働きにより、のり移り・のり移られる関係によって、相手に直接影響を及ぼそうとするのである。それがいわゆるミメーシス（同化的模倣活動）である。そこでは、自然は質的に多様で、バラバラで、支配される基体とか質料とか素材とか客体とかの意味を持っていない。外部の風や雨や蛇、あるいは病人の内に巣くう悪霊をはらう場合には、働きかける主体の統一もなければ、働きかけられる自然の統一もない。が、やがてこういう融和・親和の関係はくずれていく。ミメーシスにあっては、自然と精霊、主体と客体とは未分化であったが、やがてそれが分離しはじめるのである。マナのやどっているものとそうでないものとの区別とか、特定の場所への神がかりや神やどりなどがそれであって、そこで、自然と精霊、主体と客体との分離があらわれはじめるのである。言語においても、最初、何かに対する恐れの叫び声がそのものの写しであったのが（形象と記号との合体）、やがてそのもののしるしとなり、ついでそうしたものの一般を指示する独立の記号となる（像と記号との分離）。犠牲において、身がわりのいけにえは、一般的なものの類例としての代替物となっていく。「女の児の身代わりには牝鹿が、初出児の身代わりには小羊が奉納されなければならなかったが、この場合そういった供物は、まだ固有の質を持っていたに違いないにしても、すでに類を代表していた。それは任意の類例という性格を帯びていた。」そこには、自他の区別・同一を考え、比較考量していく比量的・弁別的論理（diskursive Logik）への第一歩があらわれている。それは、アニミズム的呪術から解放された原初的な啓蒙のおこりともいえよう。

神話はすでに啓蒙である

やがて、自然を擬人化した神話的神々があらわれてくる。超自然的なもの、精霊やデーモンたちは、自然的なものに恐れおののく人間の心の投影である。神話とは、できごとを報告し、名付け、起源をいおうとするものであった。がそれとともに神話は、叙述し、確認し、説明を与えようとした。この傾向は、神話が文字によって記録され、文書として収集されることによって強化された。が、早くも神話は報告から教説へ転化する。どんな儀礼にも、事象についてのある観念、つまり呪術によって左右さるべき特定の過程についての観念がふくまれている。儀礼の持つこういう理論的要素は、諸民族のごく初期の叙事詩のうちで独立した。悲劇作者たちが目のあたりにしていた神話には、すでにベーコンが目的として讃美したあの学問と力の徴《しるし》があらわれている。「地方的な神霊やデーモンたちにかわって、天と、それを頂点とする階層秩序が登場していたし、呪術師や部族が行う悪魔払いにかわって、くわしく格式づけられた犠牲の方式と、命令の下に統制された奴隷の労働とが生まれていた。」「ホメーロスにおいても、ゼウスは白日の天の長であるし、アポローンは太陽を操縦している。」神々は分離・独立してみずからを区別する。

　こうした神話のプロセスのなかには、すでにロゴスがあり、ロゴスによる体系化の原初が見られ、秩序や統一や支配・隷従がうかがわれ、ミメーシス的・呪術的な質とロゴスとの分離があらわれている。存在は、ロゴスと外部に積みあげられていく事物や被造物の集積へと分裂する。「そして人に、海の魚、空の鳥、家畜、野のすべての獣、地をはうすべての虫を治めさせよう」（ユダヤの創世記）として、世界は、神の思し召し、神の教説として、あるいは神との約束として、人間の支配にゆだねられる世界にかかわるのである。創造する神と秩序づける人間の精神とは同一なのである。そこでは、神と人間との区別は、取るに足らぬものに成り下がってしまった。もともと神話の神々は、自然の擬人化であった。かくて、一方に、質的な多様性を持つ呪術時代のあの生ける自然からはなれ、それを高所から見わたして支配する統一的主体の覚醒（統一的理性）が、他方においては質的多様性を奪われて同質となった、したがって、量的に問題にされる単なる客体となった統一的自然が登場する。こうして自然は、人間の支配をささえる一様的基体となり、呪術時代のあの質的多様性を剝奪された質料的・素材的な統一的客体と成り下がったのである。「太陽を頂点とする家父長的な神話は、組織立てられた言語の総体であり、そこにふくまれている真理要求によって、古くからの神話的信仰や民族宗教はその地位から引き下ろされることになる」のである。ともかくも、こうして神話のなかに、秩序化、統一化、階層化（支配・隷従）、組織化、ロゴス的体系化、主体・客体化がうかがわれるものとして、神話は、それ自身すでに啓蒙であり、優に哲学的啓蒙に匹敵することができる。

神話と啓蒙

神話から合理的世界への啓蒙の進展過程を証示する、啓蒙の弁証法の例証ないしアレゴリー（寓意・風喩）として、『啓蒙の弁証法』は、ホメーロスの作とされる『オデュッセイア』のなかの巻一二、セイレーンの歌声からの脱出行を取りあげる。そこで、神話と支配と労働との絡み合いが論じられる。

セイレーンからの脱出

周知のごとく、ホメーロスの『オデュッセイア』は、ギリシアの英雄オデュッセウスの物語である。トロイアの戦いに勝ったオデュッセウスは、のち海上でさまざまの辛酸をなめ、漂流と冒険の一〇年の後、故郷のイタケーに辿りつく。が、故郷では、妃のペネロペイアが非道な求婚者たちに苦しめられていた。オデュッセウスは、謀略をしかけて彼の妻と財産をだまし取ろうとする者たちを征伐し、最愛の妻とめでたく再会し、おのれの家族と領土を回復する、という物語である。「セイレーンの歌」は、その漂泊・冒険譚のなかの一つのエピソードである。

オデュッセウスとその従者たちの船は、魔女セイレーンたちのいる浜にさしかかる。この女どもは、彼女らのところへ来た人間を、誰彼といわずみな魔法にかけてしまう。もしも知らずにそばへ来た人間が、このセイレーンたちの美しい歌声をひとたび耳にしたら、それに魅せられて命を奪われてしまう。が、オデュッセウスは、女神キルケー（娼婦的女神）のもとを去る際、彼女からこの難所脱出の忠告を受ける。それは、部下には甘い蜂蜜蠟を耳につめさせて歌が聞こえないようにし、ただひたすら船を漕がせよ。そしてオデュッセウス自身は、歌声を聞きたいと望むなら、歌声に魅せられて身を投じないよう、手足をしっかりと帆柱に縛りつけるよう部下に命令しておけ、という忠告である。オデュッセウスと部下たちは、キルケーの警告に従い、名うてのこの難所を無事突破していくのである。

神話と支配と労働の絡み合い　著者のホルクハイマーとアドルノは、この「セイレーンの歌声」の誘惑を突破していく物語に、啓蒙の弁証法のたとえ話（アレゴリー）としてのいろいろの意味、神話と支配と労働の絡み合いを、次のように描くのである。

オデュッセウスは、いくたびも死地をくぐり抜けざるを得なかった試練を通じて、彼自身の生の統一性、自己同一的な人格を鍛えあげて、成人へと成熟を遂げた。人間の自己同一的・目的指向的・男性的性格としての自我が創り出されてくるまでには、人間は恐るべき試練に立ち向かわなければならなかった（これに類することは、誰にとっても幼年時代に繰り返されている）。セイレーンたちの歌の誘いは、過ぎ去ったもののなかへ回帰して自己喪失することへの誘いである。セイレーンたちの歌声は、聞く者の耳には快楽の抗しがたい約束として響く。だが彼女らの惑わしに乗せられる者は滅びる。セイレーンの自己喪失への誘惑は圧倒的である。自我の全一性を保持する努力は自我のどの段階にも付随しているが、自我の喪失を誘う誘惑が、自己保存への盲目的決意とつねに相ともなっているのである。前進（文明）を不断に脅かすセイレーンの幸福への誘いには、つねに自己を喪失しはしないかという不安、死や破壊に対する危惧といったものが、まとわりついているのである。

「オデュッセウスが知る脱出の可能性は二つしかない。その一つを彼は同行者たちに指令する。彼の命令で耳を蠟でふさがれた同行者たちは、渾身《こんしん》の力をふりしぼって船を漕がなければならない。生き残ろうと欲する者は、取り返しのつかないものの誘惑に耳を貸してはならないし、耳を貸さないようにするためには、誘惑の歌が聞こえないようにしなければならない。社会はいつもそのように配慮してきた。労働する者たちは、生き生きと脇目もふらずに前方を見つめ、かたわらに何が起ころうともかまってはならない。脇道にそれようとする衝動を、彼らは歯をくいしばって、いっそうの奮励努力へと昇華しなければならない。こうしてこそ彼らは実用に耐えるものとなる。――もう一つの可能性を選ぶのは、自分のために他人を労働させる領主としてのオデュッセウス自身である。彼はセイレーンの歌を聞く。ただし彼は、帆柱に縛りつけられたままどうすることもできない。誘惑が強まるにつれて、彼はいっそうしっかりと自分を縛りつけさせる。それはちょうど後代の市民たちが、自分たちの力の増大とともに身近なものとなった幸福を、それが近づいて来れば来る程、いっそうかたくなにみずからのものとするのを拒んだのと似ている。何を聞いたにしても、それは彼には何の結果ももたらしはしない。ただ彼にできるのは、頭を動かして彼の縛りを解くよう合図することだけである。しかしもう手遅れである。自分では歌声を聞くことのない同行者たちは、ただ歌の危険を知るだけで、その美を知らない。彼らはオデュッセウスを帆柱に縛りつけたままにしておく。彼と自分たちとを救《たす》けるために。彼らは抑圧者の生命を、自分たちの生命と一つのものとして再生産する。そして抑圧者の方は、もはや彼の社会的役割から脱出することはできない。彼が自分を元どおりにならないほど実生活に縛りつけた縛りは、同時にセイレーンたちを実生活から遠ざけている。つまり彼女たちの誘惑は中和化されて、単なる冥想《めいそう》の対象に、芸術になっている。縛りつけられている者は、いわば演奏会の席に坐っている。後代の演奏会の聴衆のように、身じろぎもせずにじっと耳を澄ませながら。そして縛りを解いて自由にしてくれという彼の夢中になった叫び声は、拍手かっさいの響きと同じく、たちまち消え去っていく。こうして先史時代からの訣別《けつべつ》にあたって、芸術の享受と手仕事とは別々の道を辿る。この叙事詩は、すでに正しい理論をふくんでいる。文化財と、命令されて行われる労働とは、相互に密接な関連を持っている。そしてこの両者が、否応なしに、自然に対する社会的支配のための基礎を形づくっている。」

市民的知性の原史

セイレーンの歌声を眼前にして、船上でオデュッセウスらによって繰りひろげられるこの光景は、市民あるいは市民的知性の原史として、まさに「啓蒙の弁証法の予感にみちたアレゴリーをあらわしている。」

それは、引きとめようとする神話の世界の誘惑を脱して、自然に対する支配を確立しようとする主体的自我＝市民の努力にみちた形成過程である。そこには、主体の自己保存をはかろうとする契機に対して、それに反乱し、もとの境位へ復帰させようとする自己喪失の契機が、絶えずともなっている。それを断ち切って前進するためには、指揮する者とその指揮にしたがって船を漕ぐ者との集団的な結束が必要となる。つまり自然に対する支配は、社会的な支配となる。その社会的支配は、命令者（オデュッセウス）と服従者（漕ぎ手）、あるいは命令はするが労働はしない主のオデュッセウスという自我と、服従してひたすら労働する漕ぎ手（奴）との役割の分化である。一方は、歌に耳を傾けるという美的享受を独占しながら、みずからを拘束することによって自滅に落とし入れようとする誘いから逃れ、いわば知によって感覚的誘惑を断ち切り（禁欲）、支配者として部下に労働を命ずる。他方、部下は、美（歌声）の享受を阻止され、誘惑への危険を免除されて、ひたすら肉体労働に専念し、自己と支配者の自己保存を再生産していく。こうして主と奴は、その社会によってそれぞれ規定され、拘束され、抑圧される。かくして、自然に対する支配＝文化＝進歩は、社会といういわば第二の自然への隷従であり、内的自然の抑圧（禁欲＝人間的自然の硬化・貧困化）によってあがなわれる。

ホメーロス物語の時代と社会

このホメーロスの物語の背後には、当時のギリシアの時代と社会が反映されている。支配と労働とが分離している階級分化（侵入した支配階級のギリシア民族と被支配階級である隷民的原住民）、家父長的社会構成、土地私有制、都市定住化などの時代と社会が。「オデュッセウスのような財産所有者は、牛飼い、羊飼い、豚飼い、召使いたちといった細かに役割づけられたおびただしい数の使用人を、遠くの方から監督する。日が暮れて、領地が無数のかがり火にあかあかと照らし出されるのを館から眺めると、彼は安んじて眠りにつくことができる。勇敢な彼の従者たちが野獣を近寄らせないように夜通し起きていて、張り番をしている領分から盗賊を追い払ってくれるのを知っているからである。」主体と客体（自然）との対立は、支配者が、被支配者を介して獲得する事物と対立することのうちにその基礎を持っている。比量論理学によって発展させられるような思考の普遍性、概念の領域における支配ですら、現実での支配の基盤上に成立する。「呪術的な遺産や昔からのとりとめのない表象は、概念的統一によって解体されていくが、そこには、命令によって組織立てられ、自由市民によって規定された生活の体制が表現されている。」つまり、啓蒙の進展の背後には、時代と社会の進展が存在するのである。

進歩は退歩へ通ずる

こうした諸関係のもとで、労働から除外される支配者は、不具になることを意味する。彼は、「みずから関わるには及ばない現存在をもはや単なる基体として経験するにすぎず、まったく命令を下すだけの自己へと凝固してしまう。」原始人は自然の事物を欲望の対象としてのみ経験した。しかし、自然の事物と自分との間に奴隷というものを介在させる主人は、それによって事物に対することなく、自分にかわって誰か（奴隷）に労働させ、事物の加工を奴隷の手にゆだね、事物を純粋に享受する。「オデュッセウスは自己放棄の誘惑にしたがうことができないと同様に、財産所有者として、しょせん労働に参加することも、ひいては労働を監督することも回避する。」他方、従者たちは、「事物の間近にいるにもかかわらず、労働を享受することができない。それというのもその労働は、強制の下に、無理に感覚をおし殺した絶望的な形で行われるからである。奴隷は肉体においても魂においても軛《くびき》につながれたままである。」（近代的市民の自由な労働が、資本主義という体制に縛られた強制労働であるごとく。）互いに話をすることのできない漕ぎ手たちは、工場やコルホーズでの近代の労働者と同じく、誰も彼も同じ拍子につれて、人間的感覚を抑圧して動くように拘束されている。まさに、神話的世界からの脱却という進歩＝啓蒙は、抑圧による人間性の欠如という人間的退歩へ通ずる。

人類の熟練と知識とは分業によって分化してきたが、その人類は同時に、人間学的にはより非人間的な状態へ押し戻される。なぜなら支配の持続は、生活が技術によって楽になってくる一方、より強い抑圧によって本能の硬直をひき起こすからである。想像力は萎縮する。「機械の発展が支配機構の発展へとすでに転化したところでは、そしてその結果、技術のめざす傾向と社会の進む傾向とが、以前から錯綜《さくそう》したまま、人間の全体的な把握において一つに収斂《しゅうれん》するところでは……進歩の力への適応のなかには、権力の進歩がふくまれており、その都度ふたたび退化への営みがふくまれている。つまりその退化は、不成功に終わった進歩なのではなく、まさしく成功した進歩こそが、実は進歩の反対であることの証拠になる。止まることを知らない進歩のもたらす呪いは、止まることを知らない退歩である。」

この退歩は、感覚的世界の経験に限られず、それを支配するため、それからみずからを区別した自主的な知性にも及ぶ。思惟と感覚的経験との分離は、双方の貧困化を意味し、この二つの領域の分離後には、双方とも傷つけられたものとして残されるのである。

生産体制の操作に長年同調させられてきた肉体は、社会・経済・科学の機構がますます複雑微妙になり機械化するにつれて、ますます退化し、貧困化し、無能化し、画一化を強制され、不具化していく。したがって労働者の無力化は、「単に支配者の謀略というだけではなくて、産業社会の論理的帰結なのである。」

神話への啓蒙の逆転

啓蒙は、さまざまの質から同質の量への転換であった。それは自然の個別的・異質的なものの等質化であり、思惟の抽象作用による普遍化・一般化である。あるいは、それは、自然の数学化、思考の数学化である。それによって数学は絶対的法廷に祭りあげられ、自然は数学的多様性になる。

が、それとともに、今や事実的・現存的なものが唯一のものと見なされる。かくて現存するものを唯一とする実証主義が、今や啓蒙された理性の裁き手となるのである。「実証主義にとっては、叡智的世界へ逸脱することは、もはや単に禁制とされるだけでなく、無意味なおしゃべりと見なされる。」思考が事実の整理という業務からはなれ、現存するものの圏外に逃れ出ることは、実証的科学主義よりすれば、狂気の沙汰であり、思考の自己破壊的行為なのである。

かくして、思考を数学的装置へ還元し、あらゆる存在を数学的・論理的形式主義のもとへ従属させるということは、直接に目の前にあるものへの理性の従順な服従によってあがなわれるのである。こうして、数学的形式主義は、「思考を単なる直接性につなぎとめる。事実的なものこそ正しいとされ、認識はその反復に局限され、思考は単なる同語反復《トートロジー》になる。思考機械が、存在するものをみずからに隷属させればさせるほど、それだけ思考機械は、ますます盲目的に存在するものの再生産という分に安んじるようになる」（傍点筆者）。

それとともに、「啓蒙は神話へ逆転する。」現存する事実的なものの永遠化は、神話的な映像の深長な意味のなかにひとしく言明され保証されているものなのである。さまざまの神話的デーモンやその概念的子孫たちの影響を一掃したはずの赤裸々な現存在が聖なる性格を帯びるのであるが、それは、かつて先史時代のデーモンたちの属性であった。残忍な事実を生み出した社会的不正が、今日では永遠に侵されざるものとして、ゆるぎなく聖化される。それはかつて呪いで病気を治す呪術師が、神々の庇護のもとで神聖不可侵であったのと何らかわるところがない。また、個々のできごとを反復として、あるいは循環として説明するのが啓蒙であったが、神話的構想力に反対して主張されたこれらは、それこそ神話そのものの原理なのである。

さらに啓蒙は、運命とか宿命という概念を消去することをめざした。が、抽象作用によって個々の諸対象が持つ特殊性を精算してしまう限り、それは個々の対象にとって、神話的運命と異なるところがない。

古代の運命からの脱却をめざす努力としての啓蒙は、産業社会への歴史の変貌とともに、運命的・神話的世界への逆転にさらされるのである。物質的生産における計算づくの合理的処理方法が、人間にとって計算しきれない結果をもたらすように、理性は、今や決められた目的のみを指向し、その目的のための単なる手段としての道具となり、はかりえない宿命のもとに置かれるのである。かつて原始時代において、訳のわからない死を説明し正当化するために使われたのが、宿命であった。その宿命が、今や何もかもわかりきった現存在へ移行するのである。というのは人間は、かつて真昼において、突然の恐怖に襲われたのであったが、今日それと同じように、いついかなる瞬間に突発するかもしれないパニック（恐慌）にさらされている。「市民的な商品経済がひろまるにつれて、神話の暗い地平は、計算する理性の太陽によって照らし出される」が、その氷のような理性の光線の下に、新しい神話的な暗さや野蛮、恐怖が育ってくるのである。合理的・啓蒙的な支配の強制の下に、人間の労働は、神話の外に連れ出されながらも、支配の下で、つねにまたはかりえない神話に引きこまれ、神話に左右されるのである。

啓蒙と道徳

問題　自己保存とそのための自然支配とが、啓蒙の原理であった。とすると、その啓蒙の仮借なき追求は、どのような結果を、とりわけ道徳に関してもたらすであろうか。それが、「ジュリエットあるいは啓蒙と道徳」の章の問題である。そこでは、カント、マルキ＝ド＝サド（一七四〇～一八一四）、フリードリッヒ＝ニーチェ（一八四四～一九〇〇）という、啓蒙の探求者が取り扱われる。

啓蒙とは、カントによれば「人間が自分に責任のある童蒙《どうもう》状態から脱け出すことである。童蒙状態とは、他人の指導を受けなければ自分の悟性を使用できない状態である」（『啓蒙とは何か』）。「他人の指導を必要としない悟性」とは、理性によって指導される悟性である。

世界の数的素材化　ところで理性あるいは啓蒙は、計算的思考を拠りどころにする。つまり計算的思考は、自己保存という目的に合わせて世界を調整し、対象を単なる感覚の素材から、自己保存の目的に隷従する素材へとしつらえ、それ以外にいかなる機能も知らない。となると、啓蒙的理性の進展するところ、世界は計算可能な素材となり、中立的で均等化された数的存在となってしまう。自然のみならず、意味を付与する人間主体ですら、そのような存在となってしまう。そこでは、もはや道徳なるものを基礎づけることはできない。道徳的厳格さとそれと逆のまったくの無道徳性も、同じようなものになってしまう。

カントのあいまいさ

『啓蒙の弁証法』の著者であるホルクハイマーやアドルノによれば、科学的啓蒙的理性を基礎づけたカントは、この理性的啓蒙的主体である人間の転落ないし自己解体を恐れて、相互に相手を尊敬しあうという義務を、理性の法則から導き出そうとした。「しかし彼のそういう企ては、〔彼の〕『批判』のうちにいかなる足場をも持たない」はかないものである。「もっぱら、法則の単なる形式への尊敬というカント的動機にもとづいて、みすみすもうけそこなうような市民は、おそらく啓蒙された人間ではなくて、迷信深い人間、——愚か者だということになろう。卑劣な行動がうまくいきそうな期待の持てるような場合でさえ、道徳的行動の方が理性的だと考えるカント的オプティミズムの根は、野蛮さへの転落に対する恐怖である。カントは書いている。もしも相互愛や尊敬といったこういう偉大な倫理的力の一つが衰えるようなことがあれば、『(背徳の) 虚無は大きな口をあけて、一滴の水を飲み干すように、〔道徳的〕存在の全領域を飲みこんでしまうだろう』と。しかし倫理的諸力は、まさしくカントによれば、科学的理性の前では非倫理的諸力に劣らず中立的な衝動であり行動様式である。倫理的諸力は、あの秘められた可能性へ向けられるかわりに権力との宥和《ゆうわ》へ向けられた場合には、たちまち非倫理的諸力へと転化する。……啓蒙は感情や衝動を、『線や面、あるいは立体について問題にするかのように』考慮する（スピノザ著『エティカ』）。全体主義的秩序は、このことを大まじめに受けとった。」

サドの『悪徳の栄え』

啓蒙家として微温的で徹底を欠くカントに対し、さらに啓蒙の仮借なき帰結を徹底的に追求したのが、サドの『ジュリエットの物語、あるいは悪徳の栄え』であり、ニーチェの「権力意思」論である。それらは、まさに「他人によって指導されることのない悟性、すなわち後見から解放された市民的主体の姿を提示しているのである。」サドの作品は、『道徳の系譜』などのニーチェの作品と同じく、カントの実践理性に対する仮借のない批判を形づくっている。周知のごとくカントは、わが内なる道徳法則をすでに各種の他律的な信仰から純化してきたのであるが、彼がその道徳法則と並んでいやます感嘆と崇敬の念をもって讃えた「わが上なる星空」が物理学的な自然事実となった以上、内なる道徳法則もその価値を奪われ、単なる心理学的な自然事実となってしまった。カントは、徳の訓練を説く。人間は、すべての能力と性向とを理性の力の下に、したがって自己自身の内的自然を支配下におき、人間のさまざまの感情や性向によって支配されてはならない（無感動の義務）。なぜなら理性が統御の手綱を手に握らない限り、感情や性向が人間の上に君臨することになるから、と。だがそれは、ジュリエットが示す犯罪者の自己訓練の教え――計画とその帰結の冷静な検討、良心の呵責からの自由など――と、どこが異なるのであろうか。徳にとって無感動、あるいは内的自然の支配が前提される点では、カントとサドは一脈通じあうのである。

科学を信条とするジュリエットにとっては、神や死せる神の子への信仰、十戒の遵守《じゅんしゅ》、悪に対する善の優位、罪に対する救済の優位など、その合理性を証明できないものを崇拝することは、身の毛のよだつほど厭うべきことなのである。戦闘的啓蒙主義の娘として、ジュリエットはいう。

「死せる神ですって！　カトリックの辞書に出てくるこういう自己撞着した言葉の組み合わせほど滑稽なものがまたとあるでしょうか。神とはすなわち永遠の意味であり、死とはすなわち永遠ならざるの意味ではありませんか。たわけたキリスト教徒たちよ。あなた方はいったいあなた方の死せる神をどうしようというのですか」と。

ニーチェ

学問的証明もないのに承認されていることを嫌悪の的に転換するとともに、逆に学問的証明もないのに呪詛《じゅそ》されているものをやりがいのあることへと転換するという価値転倒、ニーチェのいう「禁断のものへの勇気」、それが彼女の独特な情熱である。「犯罪を犯すのに何か口実が必要だとでもいうのでしょうか、と、彼女のよき女友達であるボルゲェズ侯爵婦人は、ニーチェとまったく同じ意味で大声で叫んでいる。」

ニーチェの強者の道徳

同じようにニーチェは価値の転倒として、弱者を代弁するキリスト教倫理を非難する。

「弱い者や駄目な奴は破滅すべきだ。それがわれわれの人間愛の第一命題である。そして人は、彼らが破滅するのに手を貸してやらなければいけない。ある種の悪徳——あらゆる弱い者や駄目な奴に対して同情をかけること——、つまりキリスト教以上に有害なものがまたとあろうか」と。したがってニーチェは、強者たちと彼らの残忍さを賞讃する。「彼らはそこであらゆる社会的拘束からの自由を享受する。……安全、身体、生命、安楽、に対する彼らの無頓着と蔑視、あらゆる破壊のうちに、また勝利と残忍に耽《ふけ》るあらゆる楽しみのうちに見られる彼らの愉悦の、驚くべき明るさと深さ」といった豪胆さを、ニーチェは強調する。それはまた、ジュリエットの心を奪ったものでもあった。強さが強さとしてあらわれないことを要求したり、強さが圧伏し鎮圧し支配者たろうとしないことを要求したり、また、敵対と抵抗と勝利を渇望しないように要求するのは、弱さが強さとしてあらわれることを要求するのと同じように、ニーチェにとってまったく不条理なことなのである。「自己保存を旨として成長を遂げた悟性が生の法則を認めることがあるとすれば、それは強者の法則である。……ニーチェの教説によれば、罪があるのはむしろ弱者であり、彼らはずるがしこく自然法則を回避しようとする。……強者の行う圧制、暴力、残虐、専制、不法……等々の行為は、それらを強者の特権として彼に与えた者の手と同様に汚れなきものである。そして強者が弱者を圧迫し略奪するために、その全き権利を行使するとき、強者はただこの世界のもっとも自然な事柄を遂行しているにすぎない。」ニーチェはジュリエットと同じく、「犯行の恐るべき美しさ」を讃美するのである。

弱者としての女性とユダヤ人

こうして自己保存と支配の行きつくところ、同情は罪悪であり、悪徳そのものである。カントにとってさえ、同情は「ある種の気の弱さ」であり、「徳としての尊厳」を持つものではなかった。

自己保存と他者支配の世界においては、唯一の道徳が強者――それはニーチェの「超人」の思想につながる――の道徳であるとするならば、したがって弱者や劣等者は当然にも強者に隷従し支配さるべきものであるとするならば、男性より劣っていて力弱き女性は、男性に服従し男性に隷従すべきものとなる。そこからまた、ユダヤ人に対する蔑視や排斥も由来する。自己保存と支配を原理とする啓蒙的理性の徹底化の行きつくところ、弱者たる女性やユダヤ人に対してどのような苛酷なことが理由づけられるかを、サドやニーチェは暴露してみせたのである。

啓蒙による自然状態への転化

自己保存のためのいっさいを支配することをめざした啓蒙、自然支配と文明化をめざした文明は、ついにその行きつくところ、残忍冷酷な一種の自然状態に逆戻りする――サドとニーチェは、このことを、白日のもとにさらしてみせたのである。サドとニーチェがえがいてみせた残酷さと偉大さについての想念は、「遊戯と空想の世界で、人間に対してきびしい態度をとるのであるが、それは後ほどドイツ-ファシズムが現実にとるきびしい態度を表現しているのである。」ファシズムにおいて、支配は現実に行きつくところへ行きついたのである。理性と悪業、市民社会と支配とのわかちがたい結びつきというショッキングな真理を、サドやニーチェは容赦なく表明したのである。「サドにおいては、私的な背徳は、全体主義時代の公的な徳目の先取りされた歴史記述である。理性によっては殺人に対する原則的反論をすることはできないということを、糊塗《こと》することなく天下に唱導したために、サドとニーチェは、外ならぬ進歩主義者たちの憎悪を買い、今日なお迫害されている。……〔しかし〕サドやニーチェの同情を知らない教説は、仮借なく支配と理性との同一性を告知することによって、実はかえって市民層の道徳的従僕たちの教説よりも情深いものを持っている。」これまで、啓蒙的理性に対する信頼と保証がうたわれてきたのであるが、それはまったく気休め的なものにすぎず、この信頼は日ごと裏切られているのである。サドやニーチェは、こういう保証や信頼を否定することによって、かえってまがうことなき人間への信頼を救ったともいえるのである。

　こうして、あらゆる自然的なものを自己支配的主体のもとへ隷属させる自己保存と支配の啓蒙が、ついにはほかならぬ盲目の自然による支配においてきわまることが示されたのである。その現実化が、ファシズムであり、ナチズムであり、ユダヤ人排撃であった。そこでは、市民的思想のふくむあらゆる対立、就中《なかんずく》カントのいうリゴリスティックな道徳的厳格さとサドやニーチェのいう悪徳の栄えや強力意思との対立も、同列化されてしまう。「何ゆえに人類は、真に人間らしい状態へ進むかわりに、一種の新しい野蛮状態へ落ちこむのか」という序文の言葉が、いまあらためて想起される。ホルクハイマーやアドルノによれば、ファシズムやナチズムは、まさに啓蒙の弁証法、文明の弁証法、自己保持のための理性的自然支配、の行きつく当然のプロセスであったのである。

文化産業――大衆欺瞞としての啓蒙

アメリカ近代文化への疑念

ホルクハイマーやアドルノは、アウシュヴィッツに象徴されるファシズムを逃れて、アメリカへ亡命したのであった。が、彼らがアメリカで体験したものは、必ずしも好意的なものではなかった。それればかりか、彼らは、アメリカの近代的な文化そのものに共感を抱くことなく、逆に疑念と批判を向けざるを得なかった。そこに見られるものは、人々の趣味、あるいは文化の商品化であり、近代美の俗悪化であった。

規格化された商品文化

技術や社会の分化・専門化にもかかわらず、そこに見られるものは、すべての文化の類似性であり、規格化であり、統一化・画一化であった。映画・ラジオ・雑誌の類は一つのシステムを構成し、それぞれが互いに調子を合わせ、互いに関連しあっている。「政治的に対立する陣営ですら自己宣伝の美的な様式は似たようなもので、ひとしく鋼鉄のようなリズムを謳歌している。大企業の華麗な本社ビルや商品展示場は、権威主義的な国であろうとなかろうと、ほとんど変わりはしない。いたるところに林立する輝く摩天楼は、国際コンツェルンの周到な計画性の表現である。」

映画やラジオは、もはや芸術であると自称する必要はなく、金もうけ以外の何ものでもない産業を名乗り、できあがった製品の社会的必要性などはみじんも問題にならない。逆に映画やラジオは、金もうけ目当てにつくられたガラクタを美化するイデオロギーとして利用される。何百万もの視聴者を相手にする以上、規格的な大量生産となり、その技術、その指導者は、その力をむき出しにすればするほど、社会に対する支配力を強化する。技術的合理性は、支配そのものの合理性なのである。

大衆操作としての美的野蛮

このことは、逆にいえば、今や大衆化した個人が、その敵対者である全体的な資本の力に操作され、その力に屈従していくことを意味する。ラジオはすべての人を一律に聴衆と化し、彼らを放送局の流す番組に有無をいわせず吸いとっていくのである。「タレントたちは、企業が彼らを売り出すずっと前から、すでに企業に属している。」執行権を握っている者たちは、彼らの消費者像、とりわけ彼ら自身に合わないものは何一つつくらず、何一つ許さない。こうした文化の独占性は、他の経済的な諸分野と絡み合い、くっつきあっている。「文化産業の領域でしゃにむに進んでいく統一化」は、さらに「政治の領域でのいやます統一化」の証しでさえある。こうして、そこに見られるものは、資本の万能であり、資本の勝利である。

もはやそこでは、文化産業がつくりだす作品の内容とか意義は関係がなくなり、作品がいかにメカニックに分化していようと、しょせんいつでも同じものでしかなく、飽くことなき画一性へと駆り立てられる。それが、皮相的にカムフラージュされているにしてもである。メカニックなワクにはめこまれた文化産業では、何が禁止され、何が許されるかの一覧表が揃《そろ》っていて、あますところなく統轄され、どんな細部にいたるまで一つ一つがリストによって型どおりにつくりあげられる。何であれすべて徹底的に検印が押されていて、自由の余地は限られ、ＯＫが出ないようなものは、何一つあらわれることはできない。文化産業の様式といっても、それは美学的合法則性という意味での様式ではなく、絶対化された他の作品の模倣であり、他の作品との固執された類似性であり同一性である。その正体は、「社会的ヒエラルヒーに対する服従」である。文化について語ることが、いつもすでに反文化なのである。まさに完成された今日の美的野蛮。

没自発性・没個性と非合理な社会重力

こうして、自発性とか個性といったものは空しいものとなる。かつてカントは、図式論（シェマティスムス）において、感覚的な雑多の感性内容を先験的悟性形式（カテゴリー）に関係づける働きとして、図式を展開した。そこには、まだ主体が期待されていた。が、今やこの主観的・主体的な働きは、産業によって主体から取りあげられてしまった。「カントによれば、人の心の裡にはある秘められたメカニズムが働いており、それが、純粋理性の体系のなかへうまく組みこまれるように直接的なデータを前もって整備することになっている。」ところが、今や図式主義を促進するのは、産業である。レジャーのなかでは、消費者はプロダクションの提供する図式主義のうちに先取りされ、その統一的規格にしたがわざるを得ない。大衆芸術においては、すべては「地上のプロデューサーの意識から」来る（もちろんその背後には文化産業の機構があり、あらゆる合理化にもかかわらず非合理的な社会の重力がある）。

かつてイデーの担い手であり、批判的であった作品よりも、今や効果が、目に立つ成果が優先され、その効果も一般的な公式のもとに従属させられる。「全世界が文化産業のフィルターを通じて統率される。」そこにはすでに「独裁の墓場の静けさがしのびよっている。」

かつて映画の観客たちは、細々《こまごま》とした所与に縛られることなく、自由に逍遥することができたのだが、そのような次元はもはや残されていない。トーキーは、観客たちが想像や思考を働かせる余地を奪ってしまった。文化消費者たちの想像力や自発性の抑圧や萎縮が、製品そのものの構想によってもたらされるのである。「産業社会の持つ暴力は、つねに人間の心の奥底まで力を及ぼしている。」「文化産業が提供する製品の一つ一つは、否応なしに全文化産業が当てはめようとしてきた型通りの人間を再生産する。」

立ち遅れのドイツに見られる自立の名残

映画・ラジオ・ジャズ・雑誌などの勝利、つまり文化産業の体制は、いうまでもなく資本の一般法則から由来する。こういう文化産業に、ホルクハイマーやアドルノは野蛮を見たのであった。が、それゆえに、この文化独占的傾向のアメリカから取り残された前ファシズム期のヨーロッパに、精神の自立性の名残を見るのである。後進ドイツにおいては、民主主義的コントロールが十分に生活に浸透しなかったゆえに、多くのものが市場のメカニズムの埒外《らちがい》に取り残されていたのである。大学をふくめたドイツの教育施設、芸術的権威を保持する劇場、大オーケストラ、博物館などは、保護政策の下に置かれていた。政治勢力、国家や地方自治体は、こういった施設の市場法則による支配関係からの自立を一部分保証したのであった。こういう事情が、需要・供給の法則という至上命令に対する芸術の背反を強め、そのレジスタンスを高めたといえるのである。こうした論のなかにも、ホルクハイマーやアドルノの、ヨーロッパ中心主義がうかがわれるであろう。

娯楽産業による大衆の無力化と操縦

文化産業の基本的要素をなすものは娯楽であり、文化産業は娯楽事業を基礎にしている。娯楽はすでに文化産業よりはるか以前から存在したのであるが、今やそれが上からつかみとられ、時代の花形へと押しあげられた。文化産業は、芸術を消費領域へ移し、商品化した。かつてカントは、芸術を「目的なき合目的性」と定義したが、今やそれは市場に指図される目的となってしまった。文化産業はこうして娯楽を媒介にして消費者を操縦する。

娯楽は、後期資本主義下における労働の延長である。つまり、機械化された労働過程を回避しようと思う者が、そういう労働過程に新たに耐えるために欲しがるものなのである。しかし楽しみに耽るということは、現状の承認であり、社会の弁護ということであり、苦しみがあってもそれを忘れ、それを考えないということである。社会の動きの全体に目をふさぎ、自己を愚化し、自己を無力化することである。悪しき現実からの逃避ではなく、悪しき現実への抵抗からの逃避である。「娯楽が約束する解放とは、思想からの解放であり、また否定からの解放なのである。」「人々は何を欲しているのか」という問いは、人々から主体性を奪うことを狙いとしながら、ほかならぬその人々が思想の主体であるかのように呼びかけるごまかしであり、破廉恥である。人々は娯楽産業によってしつけられるままに唯々諾々としたがっていく。こうして文化産業は、消費者の欲求をつくり出し、彼らを操縦することができるのである。欺かれた大衆は、自分たちを奴隷化するイデオロギーにしがみついている。

幸福の約束を裏切る文化産業

「文化産業はいつでも消費者に約束しておきながら、いつでもそれを裏切る。ストーリーと宣伝が振り出す快楽の約束手形は、無限に支払いが延期される。つまり約束というものが——あらゆる見本市《ショー》の本質は本来そこにあるのだが——意地悪く意味しているのは、〝それは決してそのとおりにはならない〟、〝客はメニューを読むだけで満腹しなければならない〟ということなのだ。きらびやかな名称とイメージによってかき立てられる欲望に対して、サーヴィスとして提供されるのは、結局そこから逃れ出ようとしていた灰色の日常への勧奨にすぎない。」確約されるものは、当の目標である幸福に行きつくことは決してないということだけなのである。現代において幸福と考えられているものなどは、本物の幸福の色あせた模造品にすぎない。「娯楽産業における笑いは、幸福を装う欺瞞の道具になる。」「文化産業は、自分たちの欺瞞が消費者の欲求をみたすものであるかのように吹き込むばかりではない。それ以上に文化産業の意味するところは、消費者が何であれ、与えられたもので満足しなければならない、というところにある。」何のことはない、楽しみを約束しながら、それを追放するのだ。

文化産業は、管理された人々のための積極的ないし消極的な福祉事業を、人間どうしの直接的な連帯であるかのようにえがいてみせる。生産性の向上という経営学的観点から仲間関係の助成が讃えられる。しかしこうしたやり方は、ナチズムの冬期貧民救済事業にうかがわれるごとく、実は人間の究極の私的な情動、同情をさえ社会的統制の下に置くものであり、「最後の梅毒性脳麻痺患者さえ根絶してしまえば、どんな感染をも予防できる」というナチス流の同情の廃棄につながるのである。

苦悩回避のための欺瞞的手段

文化産業は、ことさらに「美しき心」を強調する。だがそれも、社会がみずからつくりだした苦しみをごまかす場合のやり口である。文化産業は、そういう苦しみをその場しのぎの友愛のヴェールをかけて気軽に糊塗《こと》するどころか、それを雄々しく直視し、それを認めて美しい心を強調することに、みずからの企業の誇りを置くのである。人生とはしょせんこのようにきびしくはあるが、だからこそすばらしいとして、世を正当化する。

こういった欺瞞は、悲劇の前でもひるまずにあらわれる。全体社会がその成員たちの苦しみを廃棄するどころか、それを取り出して美化するのと同じように、文化産業は悲劇を取り扱う。悲劇も肯定された世界の要素とされることによって、世は祝福され、美化される。「悲劇ものは、幸福の味気なさを興味深いものにし、興味深さを手軽なものにする。」悲劇の実体をなすものは、かつては社会に対する個人の対立であった。「悲劇とは、強力な敵、崇高な苦難、恐るべき問題を前にしての勇気と感情の自由を讃美するものだった。」だが今やそういう悲劇は、社会と主体とが同一だという偽りのなかで、消え去ってしまった。悲劇映画は、道徳的教護施設となる。大衆は、苛酷な生活のシーン、苛酷にうちひしがれない者たちの模範的シーンを通じて、秩序にしたがうよう義務づけられなければならない。昔から文化は、野蛮な本能を、同じく革命的な本能を抑制するのに寄与してきたが、さらにそれを産業文化が受け継ぐのである。苛酷な苦しい生活をとにかく何とか続けていける条件が、産業文化によって教えこまれるのである。何とか切りぬけたり、うまく逃げたり、自分の没落を避けたりする能力、それらによって現実の悲劇は回避されるというのである。

個性の消滅

社会に対立する個人を無にする悲劇ものの生産は、それこそ個性の消滅を示すものである。文化産業の生産様式が規格化され、個人がどこにでもあるようなものとなることによって、個人は幻影と化し、口ひげとかフランス風のなまりとかあるいは個性派映画スターといった凝似個性がはびこっている。個々人は単に一般者の持つ諸傾向の交流する結び目にすぎない。市民たちの性格は一人一人違ってはいるものの、まさしくそういう違いのうちで、同じものを表現している。つまり見かけだけは自由で個性的であるようでも、しょせん彼は社会の経済的・

社会的装置の製品でしかないのである。

ラジオや広告によるファシズムへの道

聴衆から料金を徴収しないことで、ラジオは特定の利害や党派を超えた構成という欺瞞的形式を獲得する。それこそファシズムにとって、おあつらえ向きとなる。ラジオは、総統があまねく呼びかける口となる。つくり出されたカリスマ的総統の声、演説は、ラジオを通してすみずみにまで響いていく。絶対化された言葉は、勧誘を命令にし、号令にし、やがてホロコーストの命令ともなっていく。

文化産業は広告と融合する。今日、支配的な趣味の理想は広告によって与えられ、広告は独占下でますます万能のものとなる。「広告は、文化産業の生命を救う霊薬なのである。」かつて自由競争社会にあっては、広告は、売り手と買い手の間をつなぎ、買い手の手引きとなる役割を果たしていた。だが今日では、広告は、消費者たちと巨大コンツェルンとのつながりを強化し、体制の支配を守るものとなっている。特定の言葉がめまぐるしく繰り返されてひろく流布されることによって、やがて宣伝と全体主義的スローガンが結びつくことになる。

大衆欺瞞としての大衆文化論

この「文化産業」の章は、はじめの稿では「大衆文化」という言い方であった。それが、「文化産業」という用語に取りかえられたのである。それはアドルノによれば、大衆文化の擁護者たちに好都合な表現を批判し、排除しようとしたからであった。つまり、「大衆文化」という表現によって、その文化がまるで大衆そのものから自然発生的に生まれてくる文化であるとか、民衆文化の現代的形態であるといったようにとられがちである。かかるごまかしの解釈は排除されなければならない。今日の文化は、大衆文化という言葉によってあらわそうとされた大衆の側からのものであるどころか、実は上からの抑圧であり、大衆を欺き大衆を体制に従属させる手段、つまり啓蒙の行きついた野蛮にあったのである。「文化産業」の章は、それをあばき、それを批判しようとしたのである。

注　共著である『啓蒙の弁証法』なる本書の各章が、ホルクハイマー、アドルノのいずれによって主として書かれたかが問題にされる。が、この「文化産業」の章は、その内容から明らかにアドルノが主導的役割を果たし、それにホルクハイマーが手を加えたものと考えられる。

反ユダヤ主義の諸要素

課　題

ナチズムは、ユダヤ人の慣習を模倣してみせることによって、民衆の模倣衝動（内的自然）を喜ばせ、かっさいを得た。問題はドイツ民族とユダヤ民族という二種族間の争いであると宣伝した。戦争は相敵対する種族間の争いであると宣伝され、きわめて強い戦闘的衝動がよびおこされた。そこでは、敵である種族は、人間よりも低級な種族、したがって単なる自然と見なされる。この、外なる敵対的自然と闘うため、内なる自然（本能・衝動）はたくみに利用され、あやつられ、支配される。こうして、外なる敵（種族）へ向けられた内なる欲望は、そこで抑圧された欲望の解放の喜びを味わい、外の敵対的自然を抑えた文明の擁護者という、うぬぼれの喜びを得る。

こうしたナチズム的操縦・支配の犠牲となったのが、まさにユダヤ系民族であった。以下の論は、この反ユダヤ主義に対する、ホルクハイマー、アドルノの怒りにみちた分析――啓蒙の行きついた野蛮の分析――である。

啓蒙の行きついたユダヤ人迫害

ファシズムあるいはナチズムにとっては、ユダヤ人は敵性人種であり、彼らの根絶に世界の幸福がかかっている。したがって、反ユダヤ主義は、人類の運命にかかわる問題ということになる。これとは逆に、他のある論は「ユダヤ人は民族的ないし人種的特徴とはかかわりなく、もっぱら宗教的な信条や伝統のみによって一つの集団をつくっているのであって、それ以外に彼らを結びつけているものはない」というのである。したがって、この考え方では、ユダヤ人の特徴といわれるものは、現在のポーランド、ソ連などの東方諸国にいる、まだ完全には同化しきっていない東方ユダヤ人にだけ、当てはまるのである。（それゆえユダヤ人は敵性人種ではなく、まして根絶などさるべきではないのである。）「だがこの二つの説は、（ホルクハイマーやアドルノにとって）ともに真実であるとともに誤りである。」

前者の第一の説は「ファシズムが本当にそれを実行したという意味では真実である。」「ユダヤ人とは今日、誤った社会秩序がそのなかから生み出した絶滅意志を実践的にも理論的にも一身に蒙っているグループである。」「ユダヤ人は、単に処理さるべき、支配の絶対的対象として規定される。」ユダヤ人は、毒虫のように地上から一掃され、撲滅されねばならないのである。

後者のリベラルな考え方は、理念としては真実である。それは、もはや狂暴さが再生産されない社会、そういう狂暴さの対象たるべき相手が存在することのない社会、そういう社会像をふくんでいる。が、現状は、この考え方の描くような、狂暴さのない社会ではない。ユダヤ人が適応性を欠き、自分たちの生活秩序を墨守《ぼくしゅ》して変えようとしないので、彼らは現存の支配的生活秩序とはしっくりしない。「そのくせ彼らは、支配的な生活秩序をわがものとすることなしに、それから扶養されることを期待している。支配民族に対する彼らの関係は、渇望しつつ恐怖するという関係である。」が、同化したユダヤ人はどうであったろうか。彼らは啓蒙的自己統御によって、彼らに固有の風化した共同体から脱け出し、かけ値なしの近代的市民となった。しかし、この近代的市民なるものは、すでにむき出しの抑圧、むき出しの暴力へと、歩み出していたのである。つまり、啓蒙と支配との、解放と残虐さとの弁証法的な絡み合いへ歩み出していたのである。リベラルなユダヤ人が信頼していた社会の調和なるものは、結局、民族共同体の調和であることを、彼らは身にしみて思い知らされたのである。民族主義者のいうこの民族共同体とは、開かれたもののようでありながら、実はきわめて頑迷な排他的封鎖性であり、野蛮な集団へ統合された市民的個人の自己主張であり、暴力への還元である。リベラルなユダヤ人は、反ユダヤ主義こそ秩序をゆがめるものと思っているが、この秩序そのものが、本来人間をゆがめることなしには存在しえないものなのである。すなわちこの秩序の本質は暴力なのであり、ユダヤ人への迫害は、このような秩序と結びついているのである。ユダヤ人迫害は、このような秩序、ゆがんだ秩序が今や正体をあらわしてきたものなのである。それが、啓蒙の行きついた野蛮的現状である。

大衆憤懣のはけ口

民衆にとって、反ユダヤ主義、民衆運動のレベルでの反ユダヤ主義は、何の利得もなかった。それは、盲目的な不満のはけ口としての、いわば無意識的な反応にすぎなかった。ユダヤ人の財産を没収してそれをドイツ人に再分配するという民族主義的な救済政策にしても、利得はほとんどなく、大衆が当てにしたものは、自己の憤懣がそれによって聖化されることであった。憤懣は無防備さのめだつ者へ向かって爆発する。反ユダヤ主義によるユダヤ人に対する迫害や虐殺は、文明のうちに深く存在する苦悩の気晴らしなのである。そしてそれは、家族や祖国や人類を救うためといった詭弁的イデオロギーによって鼓舞される。そこでは、正しい省察や認識や真理は無力である。暗い衝動が、彼ら反ユダヤ主義者をあますところなく占有する。「盲目性は何ものをも明確に把握しないがゆえに、すべてを包みこむ。」こういう反ユダヤ主義こそ、まさに支配の側には好都合なのである。それは不満をそらせるはけ口として、テロリズムの拠りどころとして利用される。みたされぬ幸福へのあこがれ、空手形にすぎない人権に対する怒り、こうした願望像のため、支配者は反ユダヤ主義を利用するのである。

仮象的憎悪の対象

かつて労働はもっぱら下層民だけに押しつけられ、労働は賤業と見なされた。それが重商主義の時代になると、絶対主義君主が大マニファクチュアの主人へと姿を変えた。彼らは、実際には相変わらず搾取者であるにかかわらず、「労働は恥にあらず」と、みずからを生産者の側に算入し、生産者を自称し、労働契約の本質や経済制度一般の搾取的性格をカムフラージュした。そこで、商人としてのユダヤ人は、全階級の経済的不正を背負う悪人として、搾取の責任を負わされ、憎悪を一身に引き受けることとなったのである。何もユダヤ人だけが流通領域を独占していたわけではなかったが、彼らはあまりにも長く流通領域だけに閉じこめられてきたため、憎悪を受けるという仮象へ追いこまれたのである。ユダヤ人に生産手段の所有、剰余価値の源泉への通路が許されたのはずっと後世になってからのことであった。改宗したユダヤ人が、政治や経済の面で高い地位に就くことはあった。だが「あらゆる偉業をもってしてもヨーロッパの諸国民にユダヤ人を受け入れさせるにはいたらなかった。人々はユダヤ人を根づかせないようにし、それによって勝手気ままにユダヤ人を操縦」した。かつて商人としてローマ文明を異教徒ヨーロッパにひろめるのを助けたユダヤ人は、今や資本主義的生存形態を各地に持ちこんだ。そのため、この形態のもとで苦しむことになった人々の憎しみを一身に買うことになった。資本主義のため零落した手工業者や農民たちにとって、ユダヤ人は目の上のこぶだった。が、今や経済的進歩は、ユダヤ人自身を没落に追いこんでいる。資本主義の排他的性格によって、彼らは投げ出されたのである。生産者を自称する産業ブルジョアジーのユダヤ人に対するののしりや憎悪は、寄生生活者としての良心のやましさの反映であり、自己憎悪のあらわれにほかならない。

宗教的敵意

民族主義的な反ユダヤ主義は、宗教を度外視して、問題は今や国民の純血なのだと主張する。頑迷な不信の徒であるとしてユダヤ人を非難したとて、それはもはや大衆を動かしはしない。しかし、二千年にわたって人々をユダヤ人迫害へと駆りたてた宗教的敵意をまったく消し去ってしまうのは、難しい。むしろ反ユダヤ主義がその宗教的伝統を否定して純血主張に躍起になればなるほど、それは、反ユダヤ主義の内部に宗教的敵意が潜んでいて、それをカムフラージュしようとすることを証示するものである。

「総統と心酔者が誇りとする狂信的な信頼関係は、かつて絶望した者たちの救いとなった固陋《ころう》な信仰と変わりはしない。ただその中身として今に生き残っているのは、信仰を共にしない者に対する憎しみだけなのである。教会とナチズムとの結合をめざしたプロテスタント系のドイツ-キリスト教徒のもとで、愛の宗教のうち残されたものといえば、反ユダヤ主義以外に何ものもない。」

「ユダヤ人を敵視するキリスト教徒にとっての憤懣《ふんまん》の種は、ユダヤ人が不幸を合理化することなしに耐えしのぶことの持つ真実さ」である。また、キリスト教徒自身がひきおこしたつもりでいる世の成り行きや救済の秩序に対して、かかるものは「現実を不当に聖化するものだ」とするユダヤ人の真実さである。したがって反ユダヤ主義は、みずからの主張や行っていることの正しさを、それを否認する人たちに対して証明しなければならないであろう。

したがって反ユダヤ主義からの社会の解放は、根深い病的憎悪の内容が概念化され、その無意味さが悟られるかどうかにかかっている。

ミメーシス（模倣）本能のはけ口

文明は、他者への有機的適合のかわりに、つまり本来のミメーシス（模倣）本能的行為のかわりに、まず呪術的段階では、ミメーシスの組織的コントロールを、そして結局、歴史的段階では合理的な実践つまり労働を置きかえた。技術的進歩は、ミメーシス的な生存様式を追放し、それへ帰る可能性を奪ってきた。教育は、人間たちをば労働する者の客体処理様式において強化させ、彼らがふたたび周囲の自然に同化するのを防ぐ。自我の働きを通じて、反射的なミメーシスからコントロールされた反省作用への移行が行われる。もちろんこうした合理的な技術の勝利とて、恐るべき自然にとってかわった強制力であり、恐怖の支配する状況であることに変わりはないが。

だが、あらゆる実践活動には、ミメーシス的な遺産が、打ち消しがたくまつわりついている。文明に眩惑《げんわく》された者たちは、タブー化された彼ら自身のミメーシス的性向に身をゆだねる。「彼らはユダヤ人を我慢することができない。それでいて絶えずユダヤ人の真似をしてみせる。およそ反ユダヤ主義者のうちで、ユダヤ人という名で呼ばれる者の真似をすることが習性となっていないような者は一人もいない。」禁止されていたものが権威（総統）によって解禁されるのを祝福するために、反ユダヤ主義者たちは寄り集まり、似た者どうしの仲間をつくりあげる。彼らのどよめきは組織された哄笑《こうしょう》である。ユダヤ人に対する弾劾と脅迫とが凄みを増し、狂暴さの度を加えるにつれて、同時に嘲笑も激しくなっていく。狂暴さと嘲笑と毒を持った模倣（ユダヤ人模倣）とは、本来同じものなのである。ヒトラーは道化役のようにおおぎょうな身振り手まねでユダヤ人をまね、かっさいを得る。ゲッペルスは、彼がその殺戮《さつりく》をそそのかした当のユダヤ人の代理人のように流暢《りゅうちょう》に語る。ファシズムはこうして、抑圧された自然（欲求）の反乱を、直接に支配のために利用しようとするのである。こういうメカニズムのためにユダヤ人は必要なのである。人為的に高められたユダヤ人のめだった特徴は、れっきとした文明の嫡子に対して、いわば磁場として働きかける。ユダヤ人は、それに恰好の存在なのである。ともかくこうして、タブー化された情動が、ユダヤ人に対する画一的な病的憎悪へ転化される。それに対して、ユダヤ人の経済的地位のごときは、頼りがいのある何の保障にもならない。ユダヤ人の犯罪とか、幼児殺しとか、サディズム的蛮行とか、民衆への毒盛りとか、国際的陰謀とかというユダヤ人に対する民族主義的諸幻想が、まさに反ユダヤ主義者の願望する夢を規定する。こうなると、ある人がユダヤ人といわれることが、それだけでもう、その人を虐待しようという誘いになるのである。

誤れる投影

反ユダヤ主義は、みずからの業をユダヤ人のせいにする誤れる投影作用にもとづいている。ミメーシスが自己を環境に似せ、環境を模倣するものであるのに対して、このユダヤ人に対する虚偽の投影は、自己の内にあり自分自身のものであるくせに認めたくない欲求や感情をほかの客体（ユダヤ人）に転嫁して、自己の心の負担をなくそうとする。こうして、「盲目的に血に飢えた輩《やから》は、犠牲者のうちに迫害者の姿を見いだし、それに対して自分たちは、せっぱつまってやむなく正当防衛に立ちあがらざるを得ないと考える。」強い国々が弱い隣国を侵略する以前には、その隣国の方こそ自分たちにとって耐えがたい脅威なのだと感じていたように。

圧倒的な力を獲得した支配のもとで、個々の人間は無力さのなかで、盲目的従順によるしか自己の運命の加護を期しえなくなる。「こういう力関係のもとでは、絶望した自己保存が、恐怖の責任をどこへ投影するかは、党によって指導された偶然の手にゆだねられている。」そこで罪を負わされるのは、ユダヤ人に決まっている。恐怖がユダヤ人に投影され、恐怖をおこす罪がユダヤ人だとされるのである。というのも、ユダヤ人自身が実際どうあるかにおかまいなしに、克服されたユダヤ人の相が、全体主義的支配の激しい敵意をよびおこさずにはいないからである。つまりその相とは、権力がないのに幸福であるとか、生産的労働がないのに報酬があるとか、境界なき故郷を有するとか、神話なき宗教を持つとかいった相である。こういった相貌は、支配者からは目の敵にされているものである。というのも、それらは、被支配者たちによってひそかに切望されているものであり、被支配者が切望しているものを憎悪の対象とする限りでのみ、支配は存続することができるからである。被支配者は、この断ち切られた願望をユダヤ人憎悪へと病的に投影することによって、不満を切りかえるのである。

したがって反ユダヤ主義からの転換は、被支配者が絶対的狂気に直面して自己自身を支配し、この狂気を阻止するかどうかにかかっている。思考が支配から解放され、暴力が除去されてはじめて、今まで不真実とされてきた「ユダヤ人が一個の人間である」という理念は、実現されうるであろう。支配からの個人的・社会的解放こそ、誤った投影に対する反対運動である。

政党綱領としての反ユダヤ主義

「反ユダヤ主義は、もはや自立的な情動ではなくて、政党の綱領の一項目なのである。ファシズムに一票を投じるものは、組合の解体やボルシェヴィズムへの十字軍などとともに、ユダヤ人処理にも自動的に署名することになる。」大衆が反ユダヤ的な項目をふくむ反動的スローガンを受け入れる場合、彼らは、個々人としてのユダヤ人との接触的経験が何の役割も果たさない社会的メカニズムにしたがっているのである。「実際反ユダヤ主義は、ユダヤ人があまり住んでいない地域の方が、かえってハリウッドなどとくらべて盛んだということが知られている。」

専門家と総統の立てる計画が、自分自身の幸福を企画する諸個人を無用なものにしてしまった。抗することもなくせっせと現実に適合する非合理性が、個々人にとって、理性よりも理性的なものになる。人格としての人間とか、理性の担い手としての人間などといった概念が、全体としての社会を正当化していたのであるが、それも産業社会の進歩のなかで反故《ほご》にされる。「啓蒙の弁証法は、客観的に狂気へ転化する。」「狂気は同時に政治的現実の狂気である。」誰でもがレッテルをはられて敵か味方かになり、ユダヤ人というスタンプを押されると、ガス室へ送りこまれる。

もっぱら大衆の受動性によって可能となった政治的権力機構が、いまや物神化して、鉄のような現実として大衆自身に対峙する。

ファシズムの政治的スローガンのこわさは、明らかに欺瞞でありながら、しかも存続しつづける欺瞞の恐ろしさである。ファシズムの政治的スローガンは、それを判定するいかなる真理をも許さない。しかし他方で、それの数えきれぬほどのたわごとのなかで、真理は否定的な意味で、すぐ身近に近よってくる。もちろん判断能力のない者は、もっぱら思考の完全な喪失によって、いつまでも真理から隔てられているのではあるが。

この書が暗示するもの

野蛮ないし呪術からの解放、神話の解体、自然支配としての啓蒙（理性化＝文明・文化）が、また別の新しい人間抑圧や、非合理や、戦争ないしアウシュヴィッツに象徴される残虐きわまりない野蛮へ転落していくという、逆説的な啓蒙の徹底的な自己省察・自己批判は、いわば有限なる人間の自覚であり、そしてそれは、裏からみれば、絶対なるものへのあこがれであるともいえよう。またそれは、人間と自然、理性と感性、社会と個人、科学と芸術・宗教などの相互の関連と宥和《ゆうわ》が、そして、そのことによる人間らしさの回復が暗示されているといえよう。さらに、人間の自由や自主性の復活、支配のない真の平和、内外自然の回復が念願されているといえよう。

銃を突きつけられ，連行されるユダヤ人の子ども

Ⅵ 理性の腐蝕

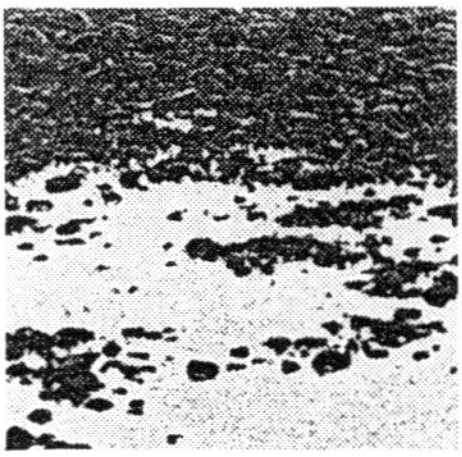

理性の主観的形骸化

課　題　個人の自己保存（あるいは個人の存続を可能にする共同体の保存）のため、人類は、自然を征服し支配することをめざした。それが、人類の文明といわれるものであった。

その文明は、その進歩によって、真に人間らしい状態の創造ではなくして、一種の新しい野蛮状態を現出するにいたった。文明のこの弁証法を解明するのがさきの『啓蒙の弁証法』であった。

一九四五年、この新たな野蛮状態は、戦場でうち負かされた。今や「民主的諸国家の国民は、武力による戦勝を完全なものにする課題に直面している。彼らは、戦争の犠牲によって贖われた人間性の諸原理を仕上げ、実践に移さねばならない。今日、社会的完成への可能性は、かつて空想のなかで真に人間的な社会の理念をえがいたあらゆる哲学者や政治家の期待をしのいでいる。だが、それにもかかわらず、そこには、不安と幻滅の感情があまねく漂っている。人類の希望は、はじめてそれがヒューマニストたちによって語られた手探りの時代よりも、その成就にはほど遠いように思われる」（『理性の腐蝕』「序文」）。

注、訳文は、山口祐弘訳『理性の腐蝕』による。以下の引用もだいたいこの訳による。もともと英文のこの著は、一九四四年春コロンビア大学で催された一連の公開講座にもとづいて、一九四六年三月にできあがり、一九四七年オックスフォード大学出版部の出版として、ニューヨークから出されたものである。一九六七年には、A＝シュミットによる独訳、Zur Kritik der instrumentellen Vernunft（『道具的理性批判』）が、S＝フィッシャー出版でフランクフルト－アム－マインから出ている。

つまり、ホルクハイマーによれば、ファシズムという新しい野蛮状態と民主主義との対立が決着を見た現在、民主主義と人道主義が世界を輝かせ、それが完成さるべきであるにもかかわらず、また新たな野蛮状態の再出現という不安にさらされているのである。この腐敗の根源を、彼は、今日の産業文明の根底にある合理性のなかに見るのである。この合理性、つまり技術的合理性が「人間の思惟や活動の地平を拡大するにつれ、個人としての人間の自律性、巨大化する大衆操作の装置に抵抗する能力、想像力、独立的判断といったものは衰えていくように思われる。啓蒙のための技術的手段の進歩には、非人間化の過程がつきまとっている。かくて進歩は、まさに実現がめざされている当の目標、人間の観念を破壊するのである。」理性の名において、進歩は支持を受けていたのであるが、進歩的・技術的合理化は、まさにこの理性の実体を抹殺する方向にある。大衆の精神、あるいは人間の本性の内部で今日起こりつつある深刻な変化、こうした変化の哲学的意味に省察を当ててみようとするのが、この書『理性の腐蝕』の課題なのである。高度産業社会が帯びている危機的状況は、同時に哲学的思索の貧困化であり、哲学の危機でもある。

ギリシア哲学における理性

ホルクハイマーによれば、ギリシアの哲人ソクラテスにとって、理性は普遍的な洞察力として考えられ、信仰を決定し、人間と人間との関係、また人間と自然との関係を規制すべきものであった。それは、事物の真の本性をとらえ、絶対的真理の観念を暗示する客観的洞察の力であり、いわば、ほとんど神の啓示を伝えるごときものであった。ソクラテスのいうダイモニオンは精神的な神であり、他の神々に劣らず実在的であった。こうしてソクラテスは、ソフィストたち――つまり、いつでも誰にでも当てはまるような普遍的真理を信ぜず、その国やその個人にとって有利なものが真理なのだと考えるソフィスト（知者）たちの、主観的・形式的理性に対して闘ったのである。

「プラトンの哲学において、ソクラテス的な直観ないし良心の能力、個人的主観のうちなる新たな神は、ギリシア神話における競争相手の地位を奪い、少なくともそれらを変形してしまった。神々はイデアとなった。」イデアは人間より崇高な地位を占め、人間の模範なのである。そしてこのイデアを感知しうる眼が、ソクラテスのいうダイモニオンから変わった魂なのである。魂は、真理を見ぬく力として、あるいは事物の永遠の秩序を感得する個的主観の能力として、したがってこの時間的な世の秩序のなかでしたがわれるべき規範を示すものとしてあらわれたのである。つまり、主観的な力が、同時に客観的な真理・秩序・規範を示す力なのである。

ギリシア語のロゴス（logos）、ラテン語のラチオ（ratio）など理性の本来の意味をあらわす言葉は、主観ないしその思惟能力に関係づけられたものであった。思惟するための主観的能力としての理性は、迷信を打破し客観性を展開する批判力であった。プラトンのイデア論は、まさにそのような理性の展開であった。つまり「イデア論は、思惟の最高の内容を、〔主観的〕思惟に関係づけられているとはいえ究極的には思惟能力を超越した絶対的客観性として規定しようとするものにほかならない。」こうして理性は、実在に内在する根本的構造をとらえ、あるいは客観的秩序を反省する能力として、主体の利害関心をまったくはなれて、実在や情況の本質をとらえ、個人的願望や利害関心から独立した理論的・実践的姿勢ないし行動を追求するものであった。「客観的理性の哲学体系は、存在者の包括的ないし基本的構造が発見され、人間の運命の理解がそこから導かれるという信念を抱いていた。」

理性哲学の伝統

こうした哲学の伝統は、近代においてもうかがわれる。たとえば一六世紀のフランスにおいて、究極的能力としての理性に支配された生の概念がふたたび発展する。モンテーニュ（一五三三～九二）はそれを個人的生活において考え、ボダン（一五三〇～九六）は国家生活に適用し、ド＝ロピタル（一五〇四～七三）は政治において実践した。ともかくも彼らは「最高の精神的権威としての理性に好意を寄せ、宗教の冠位剝奪をうながしたのである。」スピノザ（一六三二～七七）は、「実在の本質や永遠の宇宙の調和的構造への洞察によって、人間は必然的にこの宇宙に対する愛を呼びさまされると考えた。彼にとって倫理的行為とは、自然の洞察によって完全に決定されるものであった。」彼によれば、「一度われわれの実在の理解が深みに達するや、宇宙への偉大な愛とは縁遠い不安やつまらぬ感情は吹きとんでしまうであろう。宇宙はロゴスそのものである。」

その他、過去におけるすぐれた合理主義の諸体系もまた、理性は事物の客観的な本質を見つけることができ、人間の正しい態度はそうした洞察からこそ生まれるのだということを強調した。

単なる主観化・道具化への理性の転落

しかし他面、近代において、理性は、自己の客観的内容を放棄する傾向を示してきたのである。モンテーニュ、ボダン、ド＝ロピタルらは、究極的能力としての理性の支配を訴えながらも、そこにある懐疑的な言明をちらつかせていた。理性が現実に対して融和的な姿勢をとるようになってきたのである。つまり、支配的利害関心により、従順で、現実そのものに対してより適応しやすく、したがって現実の「非合理なもの」に屈服する危険をはらむようになってきたのである。ルネサンス以来、人々は、自律的に自分たちの究極目的や価値をひねり出そうとしてきた。「哲学は、事物の真の本性と生活の正しいあり方の反省としての、理性の内容を引き出し、説明し、明るみに出す作業の道具であることを誇りにしてきた。」こうした理性の客観的側面は、一七世紀にあってもいぜん支配的な力を持っていた。が、理性が宗教と絶縁することによって、この客観的側面はますます弱体化し、主観的な面が漸次強力となっていった。

客観的側面をはなれた主観的理性というのは、主観的な利害関心のもとに、その目的が何であれ、分類し、推理し、演繹し、目的に対する手続きが妥当であるか否かにのみ関心を持つ思惟装置なのである。結局、「諸可能性を計算し、それによって、与えられた目的とその適切な手段を整合的たらしめる能力」なのである。そこでは、目的そのものが合理的であり、客観的であり、妥当であるか否かはほとんど問題にならない。目的に関心が寄せられることがあるとしても、それは、これらの目的が主観的利害にどうかかわるかということである。主観的理性にとっては、目的が何らかの主観的利害にかかわりなく、それ自体において合理的・客観的であるか否かという観念は、まったく疎遠なものなのである。それは、主観的機能でありながら同時に客観的洞察であった本来の理性からすれば、その形式化であり、形骸化なのである。このような、理性の従属的地位への転落は、まさにホルクハイマーにとっては理性の道具化であり、理性の腐蝕なのである。

理性の手段的操作的機能化　こうした理性の主観化・形式化の結果、思惟は、何らかの目的がそれ自身で望ましいか否かを決定する力にはなり得ない。「理想の承認、われわれの行動や信念の基準、倫理学や政治学の指導原理、いっさいのわれわれの究極的決断は理性以外のほかの要素に依存することになる。それは選択や好みの問題ということになり、実践的・道徳的あるいは美的決断を行うに際し、何が正しいかを云々することは無意義となった。」理性は、倫理的・道徳的・宗教的洞察力としての自己を喪失してしまったのである。思惟は今やあらゆる活動の道具、あるいは整合化のための知的能力として、どんな企てにも善悪を問わず奉仕する。そして、社会や個人の生活様式を規定しようとはしない。自然や人間を支配するうえでの操作的・手段的な価値ないし役割が、理性の唯一の基準とされるようになった。理性にもとづく観念や言葉が機能的なものとなり、道具化されるにつれ、観念や言葉にはそれ自身の意味を持った思想は見られなくなり、人はその観念なり言葉なりを自律的に思惟することをやめる。

一八世紀、アメリカの独立革命とかフランス革命を通して、国家の概念が、人間生活における究極的超個人的動機としての宗教にとってかわって、人間の指導原理となった。正義、平等、自由、幸福、民主主義、寛容、財産といった諸観念は、その権威を啓示からではなく理性から引き出された基本的洞察と考えられた。が、今や理性に内在し、理性によって認められていると思われたこれらの概念は、その精神的根拠を喪失した。「それらは、今日もなお目標であり、目的である。だがそこには、それらを讃え、客観的実在に結びつける権限を与えられた理性の力は存在しない。それらの理想は、神聖な歴史的記録に裏づけられて今日なおある威光を保ちえており、そのあるものは諸大国の憲法にふくまれている。にもかかわらずそれらは、現代的意味での理性によって追認を受けてはいないのである。……標準的な現代知識人の哲学によると、ただ一つの権威が存在する。それは、事実の分類と可能性を計量するものとしての科学である。正義や自由はそれだけで不正や抑圧よりよいことであるという主張は、科学的には証明不可能であり、無益である。」そうこうするうちに、こうした主張は、赤は青よりも美しいとか、卵はミルクよりおいしいといった主張同様、それ自身では無意味なものと考えられるようになっていく。

専制化に対する理性の無力化

こうして理性の概念が中立化され、無力化され、手段化されるにつれ、それはいっそうイデオロギー操作とか、それどころかあくどい虚偽にさえ利用されるにいたるのである。何ごとにも順応する主観的理性は、伝統的・人道主義的諸価値を擁護するために用いられると思えば、またそれに反対するためにも用いられる。進歩と革命のイデオロギーを提供するかと思えば、また利潤と反動のイデオロギーをもつくり出すのである。こうして、一定の生活様式、一つの宗教、一つの哲学を他のものよりもよりよいとか、崇高であるとか、真であるとかいうことは、無意味となる。ある経済的・政治的組織がどれほど残酷で横暴であろうと、それが他に比して不合理だということはできない。暴政も残酷も抑圧も、それだけで悪ということはできない。民主主義の哲学的基礎が崩壊し、その合理的・理性的根拠が剝奪されれば、問題にされるものは、もっぱら人民の利害関心となる。人民の利害関心とは、経済的諸力の函数であり、経済的諸力に適応するものである。それは、何ら専制政治に抵抗する保証を与えはしない。自由市場組織の時代には、人権観念にもとづく制度が、政治を監督し平和を維持するのにたくみな方法であると考えられた。が、情況が変わり、ひとたび強力な経済集団の独裁が確立されると、彼ら自身の利益が損なわれない限り、客観的理性によってこの独裁をやめさせることはできない。専制政治は悪であるという主張は、専制政治の受益者でない者にとってのみ理性的に妥当するのである。

理性を失った形式的多数決

多数決原理が、新たな神となり、支配的な力となっている。しかしそれは、かつて大革命の先駆者が抱いた神、つまり現存の不正に抵抗する力としての神ではない。むしろ、何であれ順応しないものを除去する力としての神である。かつてジョン＝アダムズ（一七三五～一八二六）は、「多数者はつねに一つの例外もなく少数者の権利を侵害してきた」と語った。この少数者の権利並びにその他の基本的諸原理は、当時まだ存続していた哲学的伝統から引き継がれた直観的真理であると信じられ、宗教的神話的淵源に由来する尊厳を有していた。本来民主主義は、自由で自発的な個々人の思惟を基礎とし、多数決原理は、それを生かすための方便であり、一つの手段であった。ところが、今やことは転倒する。多数決原理は、自由な思惟《しい》を屈服させずにはおかない権力、いわば一つの新しい神となった。一致しないもの、一様化しないもの、迎合しないものを抑圧する力としての神である。そこでは、見せかけの民主主義——至高な目的そのもののようになった形式的多数決の原理——が、民主主義の生きた精神を食いつくす。実は操作されているにすぎない多数者が、世論という形をとって、あたかも裁決者であり、正当者であり、理性の代表者であるかのごとくあらわれる。ますます大規模の科学的宣伝によって、腹黒い権力の道具と化した世論、民主的進歩のこの幻想が、民主主義の生きた精神的実体を食いつくしてしまう。

産物の商品化・物象化

理性の主観化・形式化に対応する産業社会の出現とともに、人間活動のすべての産物が商品となった。芸術作品も物象化・商品化されてしまった。そこには、作品に対する生きた関係、表現としての作品の機能の直接的自発的理解、かつて真理とよばれたものの表象の体験、それらはもはや残っていない。かつて客観的理性、権威主義的宗教、形而上学によって果たされていた機能は、今や経済的装置の物象化機能によって引き継がれた。肉体労働と精神労働とを問わず、生産的労働であれば尊敬さるべきであるということになり、それが人生の唯一のあり方と認められるにいたった。「そして、結果として収入をもたらすものであれば、どんな職業も、どんな目的の追究も生産的とよばれるのである。」

哲学の道具化

こうして理性は、客観的内容への関係のいっさいとこれについての判断能力を剝奪され、どういう目的を持つかよりも、ある目的をいかに有効に執行するかに関心を寄せる装置ないし機関に堕してしまった。「全生活内容の客観的白痴化」である。今や「主観的理性は、いっさいの自発性、創造力、新たな種類の内容を発見し主張する能力を喪失」するにいたった。それは、まさに主観性そのものの喪失である。

そしてホルクハイマーによれば、理性のこの主観化・形式化、あるいは理性の道具化に見あう現代思想が、経験主義であり、実証主義であり、プラグマティズムであり、科学を唯一万能の真理とする科学主義……なのである。理性の腐蝕、あるいは理性の道具化は、彼によれば、また哲学の貧困化であり、道具化であり、腐蝕であったのである。今日における人間性の危機は、また哲学の危機を意味するものであった。

相対立するえせ特効薬

実証主義とその無効能性

「今日、次のような意見がほぼ一般的となっている。社会は、哲学的思惟が衰えたからといって何も失っていない。なぜなら、はるかに強力な認識の道具、すなわち現代の科学的思惟がそれにとってかわったからである、と。哲学が解こうと努めてきた問題はすべて無意味であるか、さもなければ現代の実験的方法によって解決されうる、としばしば語られる。事実、現代哲学における支配的傾向の一つは、伝統的な思弁が未完成のままにしている仕事を、科学の手にゆだねることである。そうした科学の実体化への傾向が、今日実証主義的と呼ばれている学派のすべてを特徴づけている。」まずホルクハイマーはこのように述べて、実証主義あるいは科学主義と呼ばれているものが、現代文明の危機に際しどういう関係を持つかを、以下のように批判的に問題にするのである。

実証主義者たちによれば、今日われわれに必要なのは、科学、とくに数学に対する篤《あつ》い信頼である。シドニー＝フック（一九〇二〜　　）は、現代文明の危機を「神経衰弱」に帰し、科学的方法への信頼の喪失に由来すると主張し、科学と異なる知識や真理をめざす知識人の多いことを概嘆する。もちろん彼ら実証主義者たちは、科学が破壊的に悪用されることを知らないわけではない。しかし、科学とくに自然科学の客観的進歩とその応用である技術は、多くの要素からなる社会過程の一要素、とくに生産の補助手段にすぎない。したがって「社会の現実的進歩や後退のなかで、科学がいかなる役割を演ずるかを、アープリオリに決めることはできない。」

プラトンは哲学者を支配者にしようとしたが、実証主義者は、技術者を具体的なものについての哲学者・管理者と考える。そこでは彼らは、哲学を科学に適合させるのであって、科学を哲学に適合させるのではない。つまり彼らは、いっさいの価値を、その原因・結果によって吟味する科学的ないし実験的な生の哲学にもとづかせようとするのである。彼らによれば、今日の精神的危機の責任は、科学の権威を云々したり、操作的実験的方法とは別の方法によって事物の本性や価値を発見しようとするところにある。だが、フックの科学主義論を読んだ場合には想像もしなかったことが、現実に生起した。ヒトラーのような人類の敵すらが、科学的方法に大きな信頼を寄せたのであり、ドイツ宣伝省が、あらゆる価値の吟味に操作的実験方法を使用したのである。「あらゆる信条と同様、科学はもっとも悪魔的な社会的権力に奉仕させられうる。」

かつて科学は、それが革新的であった時代には、ほかの機関が検閲官的な権力を行使するのを非難した。が、今やみずからこうした権力を要求し、抑圧的な傾向を帯びるにいたった。実証主義者たちは、科学の要請に合致しない思想を排斥するという独断論に陥った。だが、科学は社会的過程の一要素にすぎない。たしかに科学は、ほかの無数の要因と同じく、よかれあしかれ歴史的変化をもたらすのに一役買った。しかしそのことは、科学が人類を救う唯一の力であることを証明するものではない。社会的変化あるいはよりよき社会秩序への変化は、経済的、技術的、政治的、イデオロギー的諸力の相互作用によるものである。とするなら、実証主義は限定された真理であるにすぎない。にもかかわらず権威主義的・専制的主張によって、みずからの相対性を、歴史的発展のなかにおいて批判的に反省しようとはしない。自省の欠如、それが実証主義を貧しい哲学にしている。

実証主義は、素材ないし物質を組織化する機能のなかに、知性の役割を見る。ところでこの物質は、資本主義的な商業文明によって予定され、規格されたものである。そうだとするなら、知性は、資本主義的な商業文明ないし生産装置の単なる奴隷、道具にすぎないのであって、この文明、この装置、この体制の批判者または支配者ではあり得ない。実証主義は、こうして、知性や理論を資本主義的商業文明の手段にしてしまう。そこでは、この現実の病弊は、除去されるどころか、病弊として気づかれさえしない。実証主義者は、科学が哲学的理論によって決定された相対的機能を有するにすぎないことを、眼中に置こうとはしない。それどころか科学は真理の外見を装って聖化されさえする。哲学理論が蔑視され、それが単なる道具とされてしまうならば、現実を超克し現実のゆがみを治癒しようとするいっさいの理論的方法は、無意味となる。このようにして商業文明の現実は、讃えられる。そこでは、商業文明の原理が真理の尺度として採用され、したがって思想ないし哲学は、それ自身の真理性によってよりも、この現実、あるいはある既成の集団に対する有用性ないし道具性によって正当化される。ホルクハイマーは、実証主義をこう批判する。

復活存在論の批判

そこでホルクハイマーによれば、このゆがんだ商業文明に対し、それを治癒する特効薬として登場してきたのが、新存在論もしくはネオトミズム（新トマス主義）である。過去の客観的理性の理論であるオントロギー（存在論）ないしトミズム（トマス哲学）を復活させようとする新存在論であり、ネオトミズムである。それは、実証主義の対極をなすトミズムのごとき中世オントロギーが、現代の、まさに崩壊しようとしている価値体系を再興維持するために役立つというのである。それにともなって、唯心論・ヨガ・仏教・占星術・神秘主義などといったえせなる宗教的・半科学的な精神療法とか、古典的・客観主義的哲学の通俗的改修とかの、形而上学的・神秘主義的提案がなされる。それらが、今日のわれわれを混沌から救うための道具として提供されるのである。ホルクハイマーは、この復活存在論に対して批判を向ける。

これらの、色あせた形而上学のいかがわしい復旧や、オントロギーのドグマ的な努力は、宗教や形而上学の本来の意義を見ようとするのではない。ただそれらが、現代の商品文明生活のための良薬として役立つというのである。「現代のトミストは、彼らの形而上学がプラグマティズムに対する有益な、あるいは有効な補完物だと述べることがあるが、彼らのこの主張はおそらく正しいであろう。たしかに、制度化された宗教の哲学的応用は、現存権力に都合のよい機能を果たすのである。それらは、生きながらえている神話的思想の残存物を、大衆文化のために応用可能な装置へと変形する。」ネオトミストたちは、古びたイデオロギーを合理化し、現代的諸目的に適合させようとする。そうすることによって、彼らは現存のゆがみや悪と妥協するのである。こうして彼らは、自己の宗教的観念を現実に適応させるために形骸化する。かくて、現実の支配形態に対する宗教的観念の批判的対立は死滅し、宗教的観念は現実政治の道具に堕するのである。それとともに、彼らの宗教的概念は毒され、彼らが宣布する諸観念の核心は腐敗させられ、宗教的目的が情況への順応手段に堕するのである。こうして信仰は、今日の困難なゆがんだ情況のための良薬であるかのごとく信仰されるにすぎない。かくて形而上学的・オントロギー的療法は、現実に利用され、現実――このゆがんだ現実――のために実用化される。そのことによって、現代の病弊を根本的に治癒して歴史を逆転させるどころか、かえって、逆に現実の病気を悪化させるためのものとなるのである。

相対立する二つの万能薬、実証主義もトミズムないし存在論も、その権威主義的独断的主張によって、批判的思惟を妨げるのである。両者とも、現実とよぶものにみずから適応し、みずからを適合させようとする。この病的な願望に、現代の精神的腐敗の根本原因がある、とホルクハイマーは、理性のこの形式化・形骸化を批判するのである。彼によれば、結局、両方の治療薬とも、形式的・道具的理性の産物であり、いわば、病める現実への順応を説くえせ万能薬であり、今日の時代の矛盾を何ら克服することはできない。生産と消費とが無意識に自動的に再生産される商品文化の体制は、逆転されずに存続していく。

自然の反乱

内外自然の支配・抑圧

上述のごとく、理性はもはや人生の最高目的を決定する能力を持たなくなり、現実への適応に専心し、したがってそれが出会うすべてのものを単なる道具にしてしまう。理性に残された唯一の目標は、この活動を永続させることだけとなる。文明を基礎づけ、自然から自由となった理性は、外的自然に対し、他人に対し、また内なる自然である自己自身の衝動に対し、仮借のない圧制的暴力としてさえあらわれるようになる。元来理性は、自然とは異なったものでありながら、また自然の契機でもある。自然と同一でありながら異なっているという、いわば弁証法的なものである。ところが理性は、自然を支配し勝利を占めるとともに、自然とのこのような関係を忘れて、自然支配を主張し誇示する。外なる自然を技術的に処理し、内なる自然を抑圧することによって、自然に暴力を加えるという傲慢をおかすことになる。自然の意味は無視され、自然が人間の意識を通して語りかける機会は剥奪され、自然は支配あるいは単なる技術的処理の素材的対象として、隷従するにいたる（自然の支配は、人間の支配をふくむ）。自然は超克されたり、宥和されたりすることはなく、ただ抑圧されるばかりである。そこでは、「一方において、自然は固有の価値や意味をすべて剥奪され」、「他方において、人間は自己保存以外のいっさいの目的を喪失した。人間は、手の届く限りのいっさいのものを、この目的の手段にする。」

内的自然の反抗

ところで、夜の暗黒のなかのもののごとく灰色化された内的自然は、人間そのものを灰色化・暗黒化しようとする。内的自然の抑圧から、文明に対する抵抗や反逆が起こるのである。個人的レベルでの犯罪や精神錯乱、社会的レベルでの反乱や暴動や戦争など。つまり、内なる自然（自己の衝動）に対する抑圧は、文明や教養そのものに対する潜在的敵意に転化する。人間には、まだ若干の抵抗力が残っていた。合理化や文明化や教養化が声高に告げられ、讃えられれば讃えられるほど、人間の心のなかで、文明に対する反抗が、陰に陽にたかまってくる。個人のうちにおける文明の代理ともいうべき理性的自我に対する意識的・無意識的な敵意が、強くもりあがってくる。ゆがめられ抑圧された暗い衝動は内にとどこおるが、おりをみて爆発し、破壊的な力となる。「文明の勝利はあまりにも完璧であって、もはや真理を逸脱している。それゆえ、われわれの時代における適合は、怨恨と抑圧された凶暴さの要素をふくむのである。」文明と自然とのこの対立は、「自然に戻れ」とか、古い教説をもち出すとか、新しい神話の捏造《ねつぞう》などによって避けられうるものではなかろう。

反乱の逆利用

だが現代において特徴的なことは、こうした反乱が、文明自身の優勢な力で処理されることである。すなわち反乱が、こうした反乱の原因であるまさにその諸条件が、文明的体制を永続させるための手段として利用されるのである。つまり文明は、「自然の反抗的な力を自己の組織のうちに取りこむことによって、自然を利用するのである。」まさにナチズムやファシズムは、この爆発した自然の力をとりこんで利用するのである。

文明・文化は、人間の素朴な模倣衝動にはじまるといえよう。子どもの模倣衝動は学習の一手段である。が問題は、学習に隷従しなければならない模倣衝動であり、意識的に適応させられる模倣であり、支配のさまざまな型へ適合させられる模倣であり、環境との強いられた同一化である。要するに、自然の模倣衝動の支配抑圧である。

ナチズムの集会での演説者は、この抑圧された模倣衝動を解放することによって、大衆に感動ないし喜びをよびおこした。すなわち演説者は、民族の敵ユダヤ人のものまねをすることによって、とどろくばかりの哄笑をよびおこした。人はそこに、禁止されていた自然の模倣衝動の自由な自己主張に触れ、集会は最高度の盛りあがりを見せたのである。ナチズムは、自然を抑圧する文明に抗議し、この抑圧から民衆を解放するかのごとき外見を見せた。つまり、ユダヤ人の慣習を模倣してみせることによって民衆の模倣衝動を喜ばせ、かっさいを得た。こうしてナチズムの権力は、うわべだけは文明化されていないながら、他面、合理的な説得に反発し、抑圧された原始的衝動のはけ口を求めて爆発する民衆に、こびようとした。

しかし、ナチズムが高唱する文明への抗議、自然の解放のための仕ぐさは、決して真のものでもなければ、純粋のものでもない。彼らは、芝居を演じているのである。彼らは、決して彼らの道化の目的を忘れてはいない。すなわちナチズムは、抑圧された自然のはけ口を求めて爆発する民衆におもねり、もって逆に民衆を操作していった。いわば、自然の反抗を誘発し、それを利用することによって、逆に反抗の攻撃目標である支配的諸条件そのものの永久化をめざしたのである。自然の抑圧としての文明のもとでおこった自然の反乱を利用し、反乱を操作することによって、逆にみずからの統制ないし支配をつくりあげていったのである。彼らの目標は、民衆の自然を誘発し、その自然的な力を、実は自然を抑圧し自然を押しつぶす支配に、隷従させることであったのである。

ゲッペルス、ヒトラー、またイタリアのムッソリーニのごとき指導者は、下品でオーバーな演出（あるいは悲劇の女歌手の、あるいは喜劇の隊長の、あるいはチャップリン式の強者の演出）によって、文明を侮辱し、自然の反乱をたたえ、もって抑圧された衝動の解放感を、味わわせようとした。ヒトラーは、抑圧された自然のうえにのしかかる禁制を解くことができるとの暗示をもって、民衆に訴えた。さらに、民族共同体という仮面によって、競争し相反目する経済的勢力を統一させ、もって民衆操作に当たらせた。しかも絶えず巧妙に行われる宣伝によって、民衆をこの新しい経済的・社会的・政治的な権力関係へ順応させ、隷属させた。種族・祖国・指導者・党派・伝統……といった自然の代用物を用い、自然的衝動にこびながら、もって民衆をこれらの代用物に同化させ、民衆を統一していった。

そして、戦争は相敵対する種族間の争いであると宣伝され、きわめて強い戦闘的衝動がよびおこされた。そこでは、敵である種族は、人間よりも低級な種族、したがって、単なる自然と見なされる。この外なる敵対的自然と闘うため、内なる自然（本能・衝動）はしつけられ、教育され、支配される。自分だけでは無力であった内なる自然も、外の社会の場で駆り立てられると、死刑執行人ともなるのである。個々人は、内的自然の葛藤を克服しないまま、外に対して抑圧された欲望を爆発させ、解放された喜びを味わうのである。しかも、外の敵対的自然（敵である種族）を抑えた文明の擁護者という、うぬぼれの喜びを得る。こうして外へ向けられた自然的激情は、全体的な破壊へと向かうのである。自然の反乱は、たくみにナチズムのためのものへと転化された。そしてまさに、反動的・非合理的な目的のための道具として利用された。

非合理の合理化

しかし、反動的・非合理的な諸目的も、わけてもいちじるしい組織化・合理化をともなっている。ナチズムのあのユダヤ人虐殺という残虐行為は、きわめて合理的なプランにしたがってはじめられ、指導された。非合理な反動も、自然の反乱を、みずからの組織内へ合理的に組み入れることによって、それを利用し尽くすのである。ナチズムは、ドイツ民衆の抑圧された願望を、たくみに合理的に操作したのである。自然的衝動は、抑圧されることに耐えかねてほとばしり出たまさにそのことによって、逆に合理的に支配された。合理性は、今やこういう形で、反動に奉仕するのである。

ナチズムのこのような組織化・合理化の犠牲となり道具となったのが、立ち遅れて発展や技術から疎外された階層であった。農民・中産階級の職人・小売商人・主婦・小企業主などがこれである。彼らは、いわば抑圧された自然を守る戦士であったのであるが、そのことによって、逆に今やナチズムという非合理で野蛮な目的のための道具となったのである。彼らは、残っていた独立性のすべてを喪失し、ナチズム体制の単なる職員となり、しかもその犠牲者となった。合理性の増大に対する彼らの反抗は、みずからの自然を解放することとは逆に、今や理性の手段化・形式化を助長し促進し、ナチズムに奉仕することとなったのである。

理性と自然との宥和をめざして

ナチズムという、いわば一種の新しい野蛮であるこの非合理な体制は、今や、みずからが断固排撃した機械文明の卑屈な追随者となり、自然の支配者・抑圧者である合理化文明の本来的な後継者となったのである。

理性的・主観的な近代的自我は、その極において、個人の極度の不安、個人の主観性・主体性の完全な否定を結果するにいたった。それは、哲学がつねに夢みてきた理性と自然との宥和ではなく、まさにその正反対の、理性と自然との悪魔的対立である。

自然の反乱をこのように論ずるホルクハイマーは、自然と理性とのこの破壊的対立を解消して、「人類は、両者の宥和に努めねばならない」というのである。哲学は、「実用的計算に奉仕すべきものではなく」、抑圧されている自然の声に耳を傾け、自然をそれ自身として理解しようとするのでなくてはならない。「自然に助力する唯一の道は、一見自然に対立する自主的思惟を解放することである」と訴えるのである。

個人の没落

反省

理性は個人の中核的な能力として発展してきたのであるが、今やその理性は形骸化し、腐蝕した。文明の産物である機械が運転手をふり落とし、めくら滅法《めっぽう》に突進している。機械が完成するとともに、理性は非合理で、愚かなものになってしまった。理性の危機は、個人の危機である。かつて神聖化された個人は、今や正反対の体験にさらされ、保存さるべき自己は喪われている。伝統的哲学が個人と理性について抱いていた永遠性についての幻想は、消え失せようとしている。……この情況をふまえて、ホルクハイマーは個人あるいは個体性の概念を反省してみようとする。反省は、まず個人概念の由来に向けられる。

個人の生誕

ホルクハイマーによれば、台頭する個人の典型は、ギリシアの英雄であった。勇敢で自信にみちた彼らは、生存競争に勝ちぬき、種族からも、また伝統からも自己を解放したのである。アリストテレスは、ギリシアの市民を個人の典型としてえがいている。典型的なギリシア的個人は、ポリスすなわち都市国家の時代に、市民階級の成立とともに開花するにいたった。「アテナイ人のイデオロギーにおいては、国家は市民に優越するものであり、それに先行するものであった。だが、ポリスの優越は、個人の台頭を妨げるのではなく、むしろそれを容易にした。それは、国家とその構成員、個人の自由と公共の福祉のあいだに均衡を産み出した。」「個人の繁栄は、つねに都市社会の発展と結合されてきた。」ポリスの理想に適った個体性の哲学をはじめて体系的に構想したのは、プラトンである。彼は周知のごとく、人間と国家のそれぞれが、知性と勇気と欲望を調和させ、互いに依存しあわせているところに、その理想を見た。もちろんその場合、ポリス社会は、奴隷の労働を前提にし、それによって支えられていることが忘れられてはならない。アリストテレスによれば、奴隷の徳は婦女子の徳と同様に服従であり、したがって自由な市民だけが、競争と合意から生まれる調和をめざすことができるのである。ただ、ソクラテスの裁判と死は、個人的良心と国家、理想と現実が溝によって分離しはじめた時点を示すものともいえようか。

ストア的自足による個人性の損傷

ヘレニズム時代のストア哲学は、人間の最高の善は自足であるとした。すなわち、独立した生活に不可欠のあらゆるものを所有することではなくして、何事も欲しない無感動と苦痛回避をすすめた。が、このことは、個人を社会から隔て、現実を形成する特権を放棄することになり、自己を専制に従属させてしまった。孤立した個人なるものはつねに幻想である。個人の独立性や自由、あるいは個人の解放というのは、社会からの解放ではなくして、ゆがんだ社会からの解放である。ストア的自足によっては、かえって個体性は損なわれざるを得ない。

キリスト教的個人

キリスト教的個人は、ヘレニズム的社会の崩壊のなかから生まれた。「キリスト教は、神の像である不死の魂の教説を通して個体性の原理を創造した。」永遠の魂の保存のために地上における自己保存への意志を否認することによって、各人の無限の価値を主張した。愛の教えは、はじめ権力者に迎えられたが、後には自己自身の力を持つようになった。さらにキリスト者の魂は、最後には、自己の至上権を宣布した教会権力に反抗するようにもなった。中世の終焉によって、教会の世俗的・精神的統制は、ますます忌避されていった。

プラトン(左)とアリストテレス

近代的な個人的自由主義の展開

ついであらわれた宗教改革と哲学的啓蒙主義との間には、個人の観念に関して、注目すべき一致が存在したのである。わたしたちは、このような理性的自我の哲学として、コギト・エルゴ・スム（われ思う、ゆえに、われ在り）という思惟的理性的人間を世界の中心においたデカルト哲学を、考えることができよう。

それは、経済生活の面からいうならば、個人的自由主義の展開であったといえる。経済上の自由主義は、近代の夜明けにおいては、多数の独立的な企業家によって特徴づけられていた。彼らは、自分自身の財産のために配慮し、対立する社会的な力に対して財産を守った。市場の動きとか、生産の発展傾向とかは、彼らの独立的・自主的な企業の経済的要求に根ざしていた。商人や工場主は、あらゆる経済的・政治的な突発事件に対して、みずから準備していなくてはならなかった。これらのことが、彼らを刺激して、過去から学ばせ、未来のプランを練らせた。彼らはみずから自主的に考えねばならなかった。彼らの思惟の自主性・独立性ということが誇大化されるなら、それはある程度仮象にすぎなかったともいえよう。しかし、彼らが自由に、自主的に考えるということは、十分に客観性を持ち、人間の精神の発展、人間の人間らしい展開、人間のための社会の発展に、役立つことができたのである。個人の台頭としての個人主義は、まさに、ブルジョア自由主義の理論と実践の核心である。そこでは、個体性はほとんど完全に自己保存的な理性に従属していた。

個人的自由主義の自己矛盾

しかし、この個人的自由主義は、そのなかに矛盾をはらんでいた。その自己展開によって、この矛盾に突き当たらざるを得なかった。つまり、近代的個人主義的人間は、みずからの個人的・理性的主体を貫徹しようとするみずからのヒブリス（傲慢）に陥った。この、みずからの絶対化のゆえに、みずからが生み出し、みずからが支配した客観（資本主義のさまざまな巨大産業の装置）によって逆に抗議され、支配される憂き目になったのである。人間によって生産された、この第二の自然ともいうべき装置が、今やどうにもならぬ強力な独立の力として、個人的人間に対立し、抵抗し、彼を支配するにいたった。自由主義は、人間の隷従化、人間に対する抑圧、人間の疎外へと転化した。科学技術の盲目的発展が、社会的抑圧と搾取の強化を結果し、かつての自我は萎縮してその個体性を持ちえなくなった。個人の精神は形式的・形骸的理性という自動機械へと変質し、進歩はまさにその正反対の野蛮状態への転化にさらされている。人は生きていくためには、自己実現の希望を放棄して服従する以外にないと感ずるようになった。「自己を取り囲むものに呼応し、それを反覆、模倣することによって、あるいは自己が究極的に属する強力な集団のすべてに適応することによって、また人間から組織の一員に変身することによって、さらには組織に服従し、そのなかで影響力を持つために自己の可能性を犠牲にすることによって、個人はなんとか生きのびるのである。」現存する集団のためにならず、現存する巨大産業の営みにかかわりを持たないような思惟は、もはやその場所を与えられない。空虚であるか余分なものと見なされるのである。真理ですら、現実のための道具となる。

文化産業の巨大な拡声器は、商品化した娯楽や大衆広告のためにとどろきわたり、皮相な現実を反覆する。遊興産業の巧妙な装置は、月並みな日常の場面を再生産し、そのたくみさによって、それの虚偽や恣意性をおおい隠すのである。産業的文化は、古くさい文化価値を着用しているとはいえ、世界をあるがままに美化し、映画、ラジオ、通俗的伝記物、小説は、同じ繰り返しをする。これが、偉大であり、偉大であろうとするもののやり方である。これが、現実であり、現実のあるべき姿であり、また現実のあるであろう姿である。

個体的自発性の解消

個体性、あるいは個体的自発性の没落は、上層社会集団にも下層社会集団にも、企業家にも労働者にも波及する。有力な労働組合の幹部ですら、ドイツ-ファシズムの勝利をドイツ労働者階級の理論的思惟のせいにしてはばからないのである。今や労働組合組織すらが、抑圧に寄与するか、あるいは寄与を強いられている。労働の組織化は、人間の物象化を完結させる。労働者は、工場に買われ、技術の要請に従属させられる商品ないし物象と化するのである。が、それのみでなく、また労働組合の指導によって配分され、操作されるのである。労働組合の幹部にとって、また組合員にとって、現実に適応することをモットーとする実証主義的態度が好都合となっているのである。教会や政治理論すらが、こういった適応のなかにあり、それに毒されている。

ともかくも、命令を発する者もその服従者も、誰もがより上の力の鞭《むち》の下に置かれている。大衆的な産業文化によって人々の個体性は抹殺されて、彼らは同一化・平均化・原子化に落ちこんでいく。通俗的伝記やえせロマン主義小説や映画による個体的英雄や自力独行人の強調も、現実には、個体性の解消を促進するにすぎない。個体的思惟や抵抗は、こうしてますます少なくなり、小さくなっていく。

将来への望みと哲学の課題

だが、人間にはわずかながらまだ抵抗の力は残っている、とホルクハイマーは、将来への望みを失わない。彼によれば、個人に対する耐えがたい圧迫が不可避のものではないということ、生産力の今日的発展にもとづいて強力な抑圧の変動の可能性が迫っていること、が気づかれはじめている。産業教育や科学技術の進歩など、総じて個体性の抹殺をもたらす経済的文化的過程のなかにも、かすかながら人間的なものの発展への兆しがあらわれつつある。非妥協的・批判的思惟や既成の行動様式に対する個人の抵抗のもつ役割、個的主体の自発性の持つ意味といった側面が、ますます強まる抑圧を通して明らかとなってきた。集産化と大衆的文化の時代に頂点に達した個人の原子化からの解放という、今まで閉ざされていた「根本的に異なった世界」への夢が開かれようとしている。ファシズムは、たび重なる幻滅が人々自身と社会を異なった道へみちびくかもしれないという恐れから、社会的抑圧と恐怖政治という方法を用い、一定の成果をおさめたのではあったが。

ホルクハイマーは、個人の没落に対する哲学の課題として、次のように結ぶのである。「われわれの時代の真の個人とは、征服と抑圧に抵抗し苦難と凌辱の地獄を体験してきた殉教者であって、大衆的文化を飾る誇張された人物たちではなく、型にはまった高位高官ではない。これら讃えられない英雄は、ほかの者たちが無意識的に社会過程を通して被っている恐怖政治的絶滅に、個人としての自己の存在を意識的にさらしたのである。収容所における無名の殉難者たちが、生まれ出ようとしている人間性の象徴である。哲学の課題は、これらの人々が行ったことを言葉に変えることである。これらの人々の限りある声が圧制によって沈黙させられてきたとしても、それを耳に達する言葉に再現することである。」

批判としての哲学

理性の自己反省・自己批判

自我ないし理性は、まことにつじつまの合わない文化的情況を生み出すにいたった。自我と自然との対立である。自然を征服・支配しようとした自我ないし理性は、ついにみずからを抑圧の道具に変えてしまった。そして他方、哲学的思想は——実証主義であろうが、いわゆる存在論であろうが——自我ないし理性と自然との対立の宥和を課題とするにもかかわらず、対立の存在を否定するか、忘れ去り、分裂に気づくどころかそれをおおい隠している。この事実の認識、このプロセスの哲学的意識こそ、この方向を逆転しうる力となりうるであろう。逆に実証主義や復活された存在論は、さきに触れたごとく、ホルクハイマーによれば、今日の病弊を悪化させる処置にすぎない。もちろん彼によれば、哲学の課題は、かたくなに両者（合理論的・独断的客観理性と経験論的主観理性）を反目させることではなく、相互批判をうながして両者の和解を準備することである。カントのいう批判の道が、適切にも現在の情況において要請されるのである。

　前進的な理性的意識としての啓蒙が、この間違った道を避けるためには、啓蒙は、あるいは啓蒙的理性は、みずからの限界を自覚しなくてはならない。みずからの傲慢を反省し、抑制しなくてはならない。この自己反省、自己批判という謙虚さこそは、今日まず何より大事な道徳であり、もっともさし迫った哲学の課題である。

「理性は、人間によって生産されたり再生産されたものとしての世界の病を反省することを通してのみ、自己の合理性を実現することができる。そうした自己批判において、同時に理性は自己自身に忠実であり続けるであろう。」「人間が自己自身の理性を理解せず、今にも人間自身を破壊しようとしている対立（理性と自然の対立）が人間自身によって産み出されかつ保存されている基本的過程を解しない限り、自然の征服は人間の征服に変ずるであろう。」理性は、支配への傾向にある自己の自然性を具体的に認識し反省することによってのみ、自然以上であることができる。極度に発達した産業主義の諸形態によって、人間の思想や行動は束縛され、大衆的文化産業の機構のもとで、個人の観念は崩壊している。こうした抑圧の認識・反省こそ、理性の解放のための前提条件である。

絶対的真理の批判的否定

理性の自己反省、自己批判としてのホルクハイマーの哲学は、さらに、こう訴える。批判的理性は、現存するものが最高・無限・絶対・不変の真理であろうとすることを否定する。正義・自由・平等・人間性など、文明の偉大な理念も、もしそれが一つの形而上学的体系によって、絶対的・永遠的な原理として提示されようとするならば、批判としての哲学はそれを拒否する。人格・幸福・美といった倫理的・美的価値も、それらが独立・最高のものであろうとする限り、哲学はこれを否定する。まして、国家とか、指導者とか、金銭などの露骨な政治的・経済的偶像に対しては、いうまでもない。哲学はいつでも、それらが歴史的・相対的・有限的なものであることを認識し、暴露しなくてはならない。

哲学は、現存する価値を重視する。さきの、正義・自由・平等などの根本的・文化的理念が、一つのある真理内容を持つことを認めなくてはならない。しかし哲学は、そうした理念を、それが生じた社会的背景のもとで、評価しなくてはならない。現実の悲惨・虚偽・欺瞞を暴露するとともに、それを諸理念に照らして批判しなくてはならない。現実を理念と対決させ、両者の隔たりを暴露し批判し抗議しなくてはならない。

こうして哲学は、支配的なイデオロギーが絶対的真理であろうとすることを否定し、現実が現実であるがゆえに正当であろうとする要求を拒否する。現存する文化の相対性を暴露し、その絶対的真理性を否定する。否定こそは、哲学において決定的な役割を演ずる。人は、この批判的否定によって、相対的真理をば、それが究極者たろうとする虚偽から救いだすのである。その点において、批判的否定は、懐疑主義と同一視されてはならない。懐疑主義は、形式的抽象的な否定において、救出されるにふさわしい相対的真理をも否定し、それに何らの意味をも認めないのである。

批判的否定としての哲学

批判的否定としての哲学は、したがって、何か可能な目的のためのプロパガンダとなされてはならない。哲学は、命令することに関心を持たない。したがってまた、ゆがめられた状態の是正のための唯一の方法として、積極的な行動主義、とくに政治的な行動主義を取ろうとすることに、疑いを持つのである。むしろ、もし哲学としてなすべきことがあるとすれば、それは、思惟と実践とを区別し、まず、思惟し反省することである。反省を欠き未熟なまで、早まりすぎて行動主義に走ってはならない。慎重な熟考反省こそ、精神的人間を助け、改良を生みだすために大きな寄与をなしうる。考慮の足りない行動よりも、はるかに大きな寄与をなしうるのである。

「今日ユートピアへの進行が阻止されるのは、まず、社会的な力がつくりあげている強力な機構と、原子化された大衆との両方の重みが、まったく不均衡なためである。その他、ひろくひろがっている偽善、偽りの理論の信仰、思弁的思惟の勇気のなさ、意志の虚弱化、意志が迫ってくる不安のため未熟なまま際限のない行動へ転換すること、などすべては、上記の不均衡の徴候である。人々がこれらのことを認識するのにもし哲学が役立ちうるなら、哲学は人類に大きな貢献をしたことになろう。否定というやり方、すなわち、人類を不具にし、人類の自由な発展を妨げるものいっさいを告発するということは、人間を信頼しているからである。いわゆる建設的〔肯定的〕哲学について明らかなことは、それらには本当のところ上の確信が欠けており、そのため、文化的崩壊に対決することができないということである。これらの哲学の見解では、行動は、われわれの永久の使命をみたすものと考えられるのである。今日科学は、自然のなかの未知に対する恐怖を克服するのにわれわれを助けたのだが、その現在、われわれは、われわれ自身がつくりだした社会的強制の奴隷となっている。自由に行動するよう求められるなら、われわれは、ひな型とか、組織とか、権威とかをたよるのである。啓蒙や精神的進歩が、悪しき力・悪魔・妖精・盲目的運命などへの迷信から人間を解放すること、簡単にいえば、不安からの解放を意味するとするなら、今日理性といわれているものの告発こそは、理性がなしうる最大の努めである。」啓蒙の弁証法（啓蒙が啓蒙を破壊するものへ転化するということ）を認識し、道具化した理性を批判し、告発し、否定することこそ、今日の理性の最大の職務である。今理性は腐蝕して道具化へ堕し、道具として隷従している。哲学の課題は、理性のこのような隷従から理性を解放することである。自主自由な思惟の回復である。病める道具的理性は、健康を回復し、自律的な批判的理性とならなくてはならない。

限定的否定

「哲学においては、否定が決定的な役割を演ずる。」現存するものを肯定してそこにとどまる実証主義は、既述のごとく、神話へ逆転した。客観的観念論と合理論は、一般的な諸概念と諸規範が永遠の意味を有すると強調し、それらの歴史的由来を顧慮しない。ホルクハイマーによれば、いずれもひとしく自己の主張に自信を持ち、否定の方法を嫌悪するのである。これらに対し懐疑論は、絶対的真理は認識されえないとしてあらゆる認識を断念し、独断的な思弁的哲学を批判する。しかし懐疑論は、真偽の双方に否定的態度をとる、抽象的・一般的な否定をこととする。

認識における否定の運動をかかげたのは、ヘーゲルであった。彼は、その都度のどんな洞察においてもそれと真理との隔たりを見ぬき、低次のものから高次のものへと「限定された否定」を深めていった。が、その彼も、最後には最終の段階として絶対的全体者を仕立てあげることによって、偶像禁止の戒律を破り、みずから神話へと転落していったのである。ホルクハイマーの思惟構造は、ヘーゲルのいう限定的否定を拠りどころにする。ただ、「なんじ神の像を描くべからず」の図像禁止、あるいは「神の名を口にすべからず」の戒律というユダヤ的宗教の伝統のもとにあるホルクハイマーにあっては、全体的・体系的な神の像、絶対的真理は否定される。それはもちろん、懐疑論のいう抽象的否定ではない。「すべての既成のものを無差別に否定する態度、仏教に見られるような杓子定規《しゃくしじょうぎ》の無の公式」でもない。数学的形式主義は、思考を単なる直接性につなぎとめ、事実的なものこそ正しいとし、認識はその反復に局限された。が、限定的否定は、このその都度の直接的なものの知覚や分類や計算のうちにとどまることなく、この特定の定立、特定の肯定を契機にして、その相対性、いわばそれが絶対的真理ではない虚偽を見ぬくことである。それは、懐疑論とは異なって、現存する諸価値を重視する。だが、それらの諸価値が相対的なものでしかないことを明らかにするのである。「否定の原理は、相対的真理を偽りの絶対者の廃墟から救い出すよう、われわれを駆り立てるのである。」

かくしてそれは、「偽神を神と、有限なるものを無限なるものと、偽を真と呼んではならないという戒律につながれている。救済の保証は、救済を詐称するすべての信仰からの離反のうちにあり、認識は、狂気への告発のうちにある。」

Ⅶ　ドイツ帰還

活動の再開

フランクフルト帰還と研究所の再建　一九四五年、ホルクハイマー五〇歳のおり、ドイツと日本は無条件降伏し、第二次世界大戦は終結した。すでに稿のできあがっていた『啓蒙の弁証法』と『理性の腐蝕』は、四七年に世に出た。四八年の春、ホルクハイマーは一九三三年ドイツを追われてから一五年ぶりに、故国へ旅をした。フランクフルトでは心からの歓迎を受け、すぐさま帰ってくるようにと、町や大学から熱望されたのであった。町は、研究所の再興に経済的な援助をさえ申し出たのであった。彼は帰国の決意を表明した。彼にとって、公的な地位の復活が問題なのではなく、あの戦時中、ナチズムの弾圧からユダヤ人を助けてくれた人たちに報いることが問題であったのである。また彼は、目下のところ、アメリカよりはドイツにおいての方が、よりよきことをなしうると信じたのである。彼がドイツに対して一定の距離をとろうとしたことは、彼がアメリカ市民権を保持しようとした点にもあらわれている。（一九五二年七月、アメリカのトルーマン大統領は、ホルクハイマーのドイツ帰還とは無関係に、彼のアメリカ市民権を生涯にわたって保証したのであった。）

一九四九年の秋、五四歳のホルクハイマーは、フランクフルト市民の熱狂的な歓迎を受けて、ポロック、アドルノとともにドイツへ帰ってきた。研究所の同志のうち、ライプツィヒへ行ったグロースマンなど二、三を除き、レーヴェンタール、マルクーゼ、ノイマン、ヴィットフォーゲルなど、多くはアメリカにとどまって、大学教授の地位に就いたのであった。

ホルクハイマーは、フランクフルト大学正教授の地位に復帰した。やがて研究所の建物が再建され、学生間に「カフェー・マルクス」と称せられたこの研究所は、今や若い社会学者や哲学者など、青年アカデミカーの間のあこがれとなった。ここから今日、フランクフルト学派の第二世代として活躍しているユルゲン＝ハーバーマスやアルフレート＝シュミットらが輩出することとなるのである。が同時に、やがてまた、六〇年代後半の学生反乱の源泉ともなるのである。

戦後再建された社会研究所（小牧撮影）

経験的方法をリードする
哲学的・思弁的方法

かつてホルクハイマーは、アメリカにあった頃、帰国したならば、アメリカ流の経験的社会研究を、ドイツ流の思弁的社会研究と対比させようと考えていた（彼は、三六年の『権威と家族に関する研究』、四九年の『偏見の研究』など、いわば社会研究所的ドイツ理論とアメリカ的実証研究とにもとづく共同研究で、そのリーダーとして編集の役をつとめている）。が、

学長ホルクハイマー(右)とアデナウアー

さきの『啓蒙の弁証法』や『理性の腐蝕』からもうかがわれるごとく、ドイツの思弁的社会科学のうちに、他国の社会科学に同化されるべきでない意義を見るのである。現存するものに対して無責任に妥協して思考を進めていくことの危険に対し、学生に、事実と数の偶像崇拝に身をささげないよう警告した。機械が自己目的になること、広範な材料の積み重ねが深い洞察を妨げてしまうこと、専門人が精神的人間のかかわりをすること、などの危険は、過少評価さるべきではない、というのである。したがって研究所は、新しい経験的・実証的な方法に、ヨーロッパ‐ドイツ流の哲学的・社会学的伝統を浸透させることを重視するのである。

社会的な地位と名誉

一九五一年、「社会研究所」が再建された翌年、ホルクハイマーは、フランクフルト大学の学長に選ばれた。ユダヤ人の学長というのは、ドイツの大学史上はじめてのことであった。二年間の任期を終え、五三年に学長職を辞したおり、フランクフルト市は彼に「ゲーテプラケッテ」(ゲーテ記念牌)を贈った。五四年には、シカゴ大学へ客員教授として招かれた。五九年、六四歳で定年退官したホルクハイマーは、静かな生活を求めて、また病弱な妻のため、スイスのルガノ湖畔、モンタニョーラへ転居した（ポロックもいっしょであった。ここは、H＝ヘッセも居住するスイス南方の景勝地であった）。

翌六〇年には、フランクフルト名誉市民に推され、七〇年（七五歳）には、ハンブルクのレッシング賞を授与された。

Ⅷ　管理社会と自由

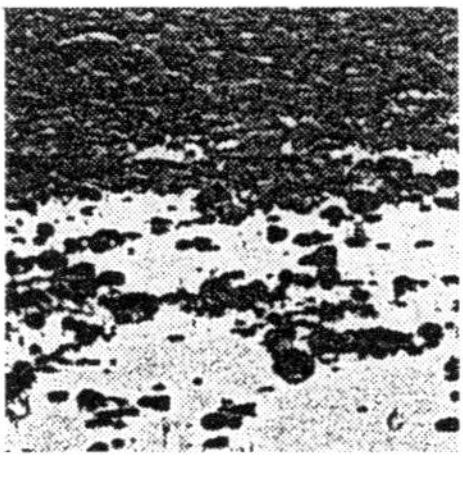

〇＝ヘルシェとの対話（一九七〇年）における

マルクス主義への心酔とそれを曇らすナチズム

さきに触れたごとく、ホルクハイマーは、第一次世界大戦後、はじめてマルクスの思想に触れ、若き頃耽読《たんどく》したショーペンハウアーとともに、マルクスから大きな影響を受けた。もちろん、ショーペンハウアーは保守的であり、マルクスは革新的であったが、いずれも現実に対して批判的であった。ただ、マルクス主義といってもホルクハイマーのそれは、既述のごとく、東欧の正統的あるいは教条的なマルクス主義ではなくして、西欧的なマルクス主義であった。ことに、スターリン主義に対して、きびしい批判を向けたのであった。それはまた、民主的な社会がどうして独裁的な——左からのものであれ右からのものであれ——社会へ変わっていくのか、の問題であった。とくにワイマール体制後の社会が、どうして国家社会主義（ナチズム）となっていくのか、人々はどうして扇動的な動向に対して抵抗することなく、それに隷従していくのか、の問題であった。批判理論の同志たちは、こうした問題の解明に全力を注いだのであった。

若きホルクハイマーは、「よりよき社会は革命によってのみ実現されうる」というマルクス理論を受容した。その理論は、テロの時代に直面して、ますます唯一の正しいもの、真実のものと思われた。したがって、個々の点においてかなり同意しかねるものがあるにしても、彼はマルクス理論に心を引かれたのであった。しかし、国家社会主義（ナチズム）が長く継続すればするほど、革命への希望はますます遠のいていった。

ルガノ湖畔モンタニョーラにて

自由を求めての組織化批判

ともかくも第二次世界大戦の終結によって、恐怖の時代は表面的には終わった。しかしホルクハイマーによれば、この終結は外の力によるものであった。そしてこの力は、ヒトラーがつくりあげた恐怖の除去のために介入したのではなかった。ヒトラーがつくりあげた恐怖は、外の人たちにとってはドイツの内部の問題であった。そして、たとえばソ連邦においても、ドイツほどではないにしても、あるいはドイツよりより悪いというのではないにしても、ドイツに似た状態が支配していたのである。そこで、ヒトラーの時代が終わって生じてきた新しい問題は、とりわけかつての市民社会の時代を支配した自由の問題である。ホルクハイマーは、この自由、あるいは人格の自主性が、かつての比較的小範囲の企業家グループのみでなく、全社会にひろがることを期待するのである。

この自由に関して、ホルクハイマーのマルクスに関する関係は変わっていった。ホルクハイマーはマルクスを擁護していう。マルクスは、ゲバルト的革命を主張したのでなく、発展は革命的ゲバルトなくとも遂行されうるとの見解をかなりの箇所で述べている。その限り、わたしに一致さえするのだ、と。しかしここで、自由に関してのマルクス批判がはじまるのである。

マルクス並びにエンゲルスは、およそ次のようにいう。資本が集中され、産業のある部門で全工場、全企業が単独あるいはごく少数の手に帰し、それによって運営されるという社会情況において、実際にすでに社会主義ははじまっているのである、と。だが、ホルクハイマーによれば、まさにこの点に批判が向けられねばならない。つまり、社会が統一的に組織された団体のもとに置かれることが多ければ多いほど、その社会は自由とよばれるような状態からますます遠ざかっていくのである。その社会は恐怖のない社会であるかもしれない。しかし、その社会は、個人的主体にもはや十分な自主性を与えないであろう。自主性は、さしあたって企業家にめぐまれていた。しかし、かわりあい独立的な企業家の果たす役割も、社会の組織化によってますますささいなものとなっていく。ホルクハイマーによれば、社会の組織化、そこでは、待望される自由はひろがるどころか、逆に管理が全社会において、それどころか結局はおそらく全世界においてすら、ますます徹底的な決定力を及ぼすにいたるであろう。経済的なプロセスは、それぞれの人が置かれた状況のなかでなすべきことのすべてを規制されているという絶対的な管理傾向にある。このように状況を分析するホルクハイマーは、さらにマルクス批判を展開する。

管理社会による自由の規制　「一方の極〔資本家階級の側〕での富の蓄積は、その対極〔労働者階級の側〕では、同時に、貧困・労働苦・奴隷状態・無知・粗暴および道徳的堕落の蓄積」となる（『資本論』）、とマルクスはいう。だが、ホルクハイマーによれば、この貧困化論ないし悲惨化論は、あまりにも悲観的すぎる。今日労働者は、一般的に人間的な生活を行使しうる。少なくとも西欧諸国においてはそうである。またマルクスは、社会は自由の国へ向かって動いていると考えたが、これも、ホルクハイマーによれば間違っている。すでにさきに見たごとく、社会は自由に向かってではなく、自動的に人々を管理する管理社会の方向へ動いているのである。個々の人間はすべてにおいて規制され、自由主義の市民の場合のごとく自己をつらぬくため想像力や精神を展開することが、ますます少なくなっている。したがって肝要なことは、かつて市民のもとに存在した自由が、秩序の新しい契機として導入され、守られ、ひろげられることである。貧困をはじめとする人々の悲惨がより少なくなろうとも、自由の保持・拡大が起こらないところに危険は存する。したがって、ここに、プロレタリアートがプロレタリアートとして消えようとも、つまり貧困がなくなろうとも、自由を欠いては人間の幸福はありえない。自由を希求する批判理論が、意義を有する所以である。

自由と公正との弁証法　だが、さらにホルクハイマーにとっては、マルクスにおいては注目されなかった、自由と公正との弁証法ともいうべき自由と公正との対立が、忘れられてはならない。つまり、実際の自由があればあるほど、各人が他人を抑圧し、より強い者、よりずるい者、より悧巧な者が他人を害する危険が、よりいっそう存在するであろう。逆に、公正があればあるほど、恣意と結ばれている自由にいっそう制限を加えなければならないため、自由はいっそう少なくなる。公正が多ければ多いほど自由はますます少なくなり、自由が多ければ多いほど、それだけ公正は少なくなる。平等を保持しようとするならば自由を制限しなければならないし、自由を思いのままに許すならば平等は存在しえない。

障害克服のための連帯

人間の有するすべての力が展開する可能性に、マルクスは自由を見たのであったが、ホルクハイマーはそのような自由のためには、障害や苦難や痛みの存在が前提になる、という。というのも、このような衝撃がなくては、人間の諸力は展開しないであろうからである。その点からホルクハイマーには、古代の哲学者たち（たとえばアリストテレス）が労働を奴隷にまかせて至福とよんだものは、退屈とほとんど変わらない誤りにとりつかれているように思えるのである。

抑圧された不自由の状態からプロレタリアートを解放するために、マルクスはプロレタリアートの連帯を主張した。第一次世界大戦後ナチズムの危険が明らかになったとき、ホルクハイマーはマルクス研究にとりかかったのであった。彼は革命によって、しかもマルクス主義的革命によって国家社会主義（ナチズム）という右からの全体主義支配は除去されうる、と信じたのである。しかし、当時すでに彼は、マルクスの望んだプロレタリアートの連帯が、果たして正しい社会をもたらすかどうかに、疑いを抱いていたのである。このプロレタリアートの連帯のかわりに、ホルクハイマーは、すべての人間の連帯、まずは当然第三世界に関係するすべての人間の連帯を、新しい課題としてあげるのである。人間のあわれさ、有限性を、少なくとも何らかの方法でよくするために協同する、という連帯を。

神的な社会像を描くべからず

自由の国あるいは正しい真のよき社会の建設、あるいは変革、あるいは人々の連帯……とあげられてくるのを見るならば、そこには、何らかの目標ないし方向といった積極的・肯定的なものが考えられているように思われる。が、ホルクハイマーによれば、正しい社会を明確に叙述することは、マルクス同様、不可能なのである。可能なのは、除去さるべき悪を指示しうるのみである。よりよきものへのあらゆる意志にもかかわらず、やはり、「この現実の世においては実際の善は決して来ることはないであろう」という、ショーペンハウアーにしたがわざるを得ない。われわれの社会には労働者のますます増大する困窮が存在するというマルクスの論は正しくないにしても、なおマルクスのいうそれとは別に、除去さるべき多くの不幸や悲惨が存在する。批判理論の課題は、それをあらわにすることである。

かつて三〇年代、ホルクハイマーは、市民社会から受け継いだ自由を保持し拡大することが、社会理論のもっとも肝要な課題であると見なした。そして、自由社会の可能性が歴史的な闘いに依存しているとして、そのための革命の勝利を確信した。しかし、七〇年代の彼は考える。今日西側においで、とくに民主主義が支配している国々において革命が起こるとすれば、よりいっそうの悪、つまり統一的な管理への道がきわめてすみやかに実現されるにすぎないであろう、と。そこで老境の彼は、あえて神学的な根拠にもとづく悲しみを、愛を、人間の連帯を訴える。悲しみは、諦念を意味するものではなく、受容さるべきものなのである。悲しみのこの受身的な受容が、よき社会を実現しようとする人間の連帯につらなる。この連帯こそ、国々の内外において緊急に要請されている、と。だがホルクハイマーは、よき社会、自由の国を、個々において肯定的に叙述することをはばかるのである。ホルクハイマーによれば、その点、マルクスも同様で、マルクスの著は社会批判を訴え、何が悪であるかを解明するが、よきものを肯定的に記述しはしない。ホルクハイマーはいう。マルクス理論は、批判理論と同様、端的にメシア主義よりは、むしろバイブルにいうところの「なんじ神を模写すべからず」「なんじ神の像をつくるべからず」と関係する。またバイブルにおいて、人類の歴史は命令ではなくして禁止ではじまる。つまり、知恵の樹から食べてはならない、という禁止ではじまる。それは、否定的なことが決定的であり、この否定ないし禁止の背反が歴史に通ずることを意味する。この点において、批判理論はひろくマルクスと一致する。ただ異なるのは、本質的に革命の概念に関してである。というのは、わたし（ホルクハイマー）は、革命に対してどういう立場をとるかは、歴史的状況に応じて異なっていなければならない、と考えるからである。今日ですら、たとえばファシスト的権力支配からの解放に際しては、人々の希望はまた革命で

↑個人の空しさを思わせる自動車の群れ

←現代の管理社会を象徴するビルディング

あるかもしれない。しかし、今日の民主主義的体制を革命によって否定することは、何かよりいっそうの悪に至らざるを得ないであろう。われわれは、民主主義的諸国家の制度におけるすべての契機を、将来、正しい方法で若い人たちに伝えていかなくてはならない、と。

自動的人間の出現

ともかくもホルクハイマーによれば、歴史の内在的な論理は、事実、管理的社会へと運ばれている。発展する技術の力、人口の増加、個々の民族の強固な組織グループへの絶えざる構造変革、強力なブロック間の仮借なき争い、それらによって世界の全体的な管理化は不可避となった。科学・技術の進歩によって、人間は自然を、人間自身を支配した。たとえば現在の薬学は、ピルによって人間の生殖力さえ処理できるようになった。とすると、いつかわれわれ人間は、人間の出生さえ管理できるようになるであろう。かくして人間は、この管理社会において、もはや彼らの力を自由に伸ばすことはできず、合理的な規則に適合し、結局それに衝動的にしたがうにいたるであろう。赤信号で停止し、緑の信号で進むというごとく、未来の人間は信号にしたがって自動的に行動するであろう。そして、個々人が個人として果たす役割はますます小さくなっていく。一九世紀の自由主義の時代にあっては、個々人の人格、個性が問題となりえた。個々人は、みずからの責任において企業を導いた。そこにはなお、歴史におけるかけがえのない人格的個人が存在した。だが今や管理社会にあっては、工場を指導するメンバー、あるいはある部門の大臣は、容易に交代されうるのである。現代の歴史的発展の内在的論理は、人間主観の清算、あるいは自由意志の没落を示唆している。一九世紀的な意味でのヨーロッパ文明が存続していくという見通しは、きわめて些些あるいは皆無とさえいいうるであろう。

有限の自覚

もちろん、ここ管理社会においては、人間の物質的需要がみたされるという、積極面が存するであろう。さらに、技術面以外の進歩、たとえば公正の面に関して、あるいは世界のカオス的状態による争いの廃止という点で、進歩が見られるであろう。あるいはそこに人間の連帯が生じ、全面的管理を弱めることに寄与するかもしれない。それというのも、どんなに人間の物質的需要がみたされようとも、人間が死ななければならないという事実は厳存し、物質的満足のゆえにこそかえってこの人間の有限は意識され、かかるものとしての人間の真の連帯が生起してくるからである。有限の自覚はまた、他面からみれば、絶対者あるいは絶対他者へのあこがれであり、かかる意味での神学の現存である。こうしてホルクハイマーの管理社会論は、『絶対他者へのあこがれ』という宗教論へとつながっていく。

IX

絶対他者へのあこがれ

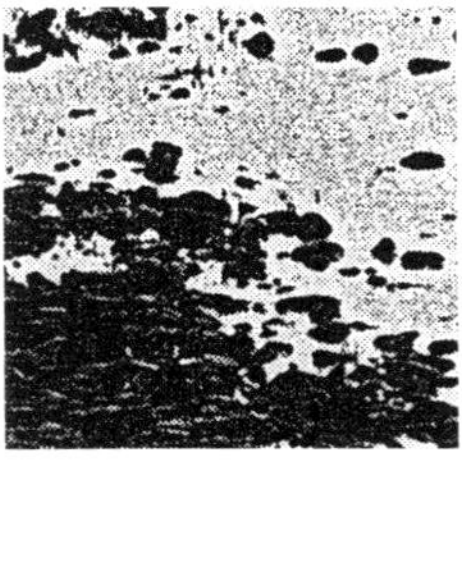

H＝グムニオールとの対話（一九七〇年）より

人間の有限とこの世の不正　ホルクハイマーは、この世の不正にさらされ続けた。しかし彼にとって、そもそも人間は死すべき有限者として、苦悩をまぬがれえず、見捨てられた存在である。それは、くつがえしえぬこの世の宿命である。彼によれば、こうした変わりえぬ有限の意識が、社会のばかげたオプティミズムから、また社会に関する知を新しい宗教としてひろげることから、われわれを守るのである。こういう考えは、すでにアメリカ亡命中、すなわちマルキストとして哲学を闘いと理解し、革命によって健全な社会、理性的な社会状態を期待した当時からのものであった（一九三五年の「宗教論」）。

彼は最初から、不正が勝利を占めている世界に対して、正義（あるいは公正）を望んだ哲学者であった。この正義への意志が、右からの全体主義的支配に対して彼をマルクス主義へ傾斜させたのであった。が、またそれは、逆にスターリンが左から全体主義的支配を実践したとき、正統的ないし教条的なマルクス主義から彼をはなれさせたのである。

ホルクハイマーによれば、マルクスは、また若き頃の自己は、プロレタリアートの物的な生活状態をよくするという点では、思い違いをしていた。プロレタリアートの物的な生活状態は、マルクスのいう革命なしによくなっていった。プロレタリアートの共通の関心は、もはや社会のラディカルな変革ではなくして、物的な生活状態をますますよくすることに向けられた。しかし、正義ないし公正という点から見るならば、そこにはなお幾多の問題ないし不正が存在した。この世は、依然として数々の悲惨や不幸や不正にみたされている。

あこがれとしての神学とユダヤ的伝統

ホルクハイマーのこうした正義感が、晩年のホルクハイマーを、「絶対他者へのあこがれ」といった宗教論あるいは神学観へと運んでいったのである（それがまた、ラディカルな学生やオーソドックスのマルクス主義者に不満をよびおこすことにもなったのであったが）。

ホルクハイマーにとって、完成された完全な正義（公正）は、この世には存在しないし存在することはできない。かかる正義は超越的であり、この世を超えたまったく「異なる境」においてそのハイマート（故郷）を持たねばならない。したがって、完全な正義は、この世には存在せず、また実現しえぬ「あこがれ」なのである。かかる「絶対他者へのあこがれ」、それがホルクハイマーにとっての神学であった。

だが、あこがれ論としてのこの神学は、ユダヤの伝統に結びつく。旧約の命令、「汝は汝のためにいかなる神の像もつくってはならない」という命令に結びつくのである。この命令から、まずユダヤの神学において、「神はいつもただとらえられえぬ秘密としてのみ認知されうる」という教義が生じた。この考えはキリスト教においても継続され、トマス＝アクィナスの否定神学の核心的な命題、「神が何であるか（神の本質）をわれわれは知らない」として形式化された。近代における哲学的不可知論は、この考えを受け継いだ。それは、超感覚的なものを端的に認識しえぬものとし、神の合理的認識を不可能と考えた。この意味において、カントもまた不可知論者であった。カール＝バルト（一八八六～一九六八）やルドルフ＝ブルトマン（一八八四～一九七六）の弁証法的神学もまた、不可知論から展開されたものである。それによれば、絶対他者としての神は、自然的理性による類推的方法においては認識されえない。ホルクハイマーのいう絶対他者へのあこがれは、ユダヤ的否定神学と哲学的不可知論の結合なのである。彼はここから、永遠へのあこがれが世俗化され具象化されることを拒否する。それは、完全な正義（公正）がこの世においては実現されえないという確信であり、この世における天国実現の可能性の否定である。そこには、ユダヤの伝統とともに、彼が辿った苦難の生涯が秘められているともいえよう。

もしこのような「あこがれ」の具体的な実践的表現形態を求めるなら、それは命令であり、規則であり、儀式である。「神の偶像禁止」をはじめとするもろもろの命令に注目し、諸規則を守ることにおいて、宗教的人間は彼のあこがれを守るのである。シナゴーグあるいは教会は、宗教的な人間が儀式的な行動によって、彼らの神へのあこがれを具体化する場所である。

ホルクハイマーにとって、現実はあくまで不真実であり、移ろいやすいものである。そこから真の哲学は批判的となり、ペシミスティックとならざるをえない。世界は現象であり、絶対的・究極的なものではない、という意識こそ、まさに神学の逆の面からの表現であるといえよう。つまり神学は、表からいえば、この世がこの世をしるしづけている不正のもとにとどまることのないように、不正が最後の言葉であることのないように、殺害者が無実の犠牲者に勝利することのないように、とのあこがれの表現である。しかし真実そのものへのあこがれ、あるいは正義そのものの神を考えること、それは繰り返していえば、無限者＝神が存在することを意味しない。われわれは神の存在を証明することはできない。神学はどうしたって神的なものの科学、あるいは神の科学を保証するものではない。われわれの有限の意識は、神の存在のための何の証明でもない。この世での苦悩・不正に直面して、全能・至善の神が存在するというドグマを信ずることはできない。われわれは神に関して、神の存在の確実性に関して、何ものをも発言することはできない。それこそが批判理論の決定的な根本命題である。

批判理論と神学

批判理論は少なくとも神学的なもの、絶対他者への思想をふくんでいる。そしてそれは、存在としての他者あるいは神ではなくして、現実を超えた完全な正義――それは現実にはありえない――へのあこがれであった。しかしそのことは、よりいっそう理性的な、よりいっそう正しい社会を形成するという試みが、否定されることを意味しない。ただ比較的正しい秩序――それは既述のごとく自由の何がしかの制限をもってあがなわれるものであるが――といえどもそれは、まったく正しい秩序ではなく、単に現存するものの比較的もっともらしい秩序、とりわけ無意義な恐怖がわりあい除去された秩序にすぎないのである。

批判的否定とあこがれ

ホルクハイマーによれば、哲学の真の社会的機能は、すでに述べたごとく、現存するものの批判ということにあった。それは、哲学者がコミカルな変わり者であるかのごとく、個々のイデーや状態に関しての皮相的なあら探しをすることではない。またそれは、哲学者があれこれの状態を弾劾し、救いを提出することを意味するものでもない。ホルクハイマーのいう批判の本来の目標は、今日の社会機構が人々に起こさせる理念や行動様式のなかへ人々が迷いこんで、それを真実と見なしてしまわないようにすることである。

哲学的思惟が、現実を批判し、現実に抵抗し、その固定化・真理化・絶対化を否定するとするならば、それはいったい、何にもとづいて批判し、否定するのであろうか。そこにあらわれるのが、ホルクハイマーのいう「あこがれ」なのである。それは、いわば「全体を不真理として照らしだす光」である。この光こそは、「まさに実現さるべきであろう全真理」「完全な正義」のユートピアにほかならない。ユートピアは、いわばゆがめられない可能性へのあこがれである。現実を批判し否定する否定的思惟には、消すことのできない光が、可能性として近づくのである。哲学的思惟は、この光、このユートピアをキャッチするプリズムといえよう。ただわれわれは、この光、このいわば他者（絶対他者）へのあこがれを、積極的・肯定的に形式化することはできない。云々《うんぬん》として、たとえば、永遠とか絶対とか最善とか真理とかの名において、肯定的に記述することはできない。われわれは、この現実の世界を問い、それを批判し、それの絶対性を否定することによって、この他者にあこがれ、この他者を考えうるのである。逆にいえば、このような光としての他者、ユートピア、他者へのあこがれが、現実を、あるいは現実的全体を批判し、否定し、告発し、その不真実を暴露するのである。現実を否定的に限定するのである。現実をありのままにとらえることを真理とする実証主義を、許さないのである。実証主義は、現実に即しようとする姿勢において、実は、ゆがんだ不真実の現実に順応し、妥協し、おもねっているといえよう。

われわれはこの他者（絶対他者）を「神」とよんでよいかもしれない。しかし、繰り返していえば、この神は積極的・肯定的に云々されたり、記述されうるような神ではない。まして実在化されるような神ではない。それはあくまで現実を批判し否定し、現実の全体を不真実としてあばくことによって、あこがれの対象となっている他者であるにすぎない。神の像はえがかれてはならない。肯定的・積極的にあれこれいわれたり、えがかれてはならない。現実の絶対とか、真実とか、永遠とか、最善とかを否定することによって、ただあこがれの対象として考えられているにすぎない。

有限者の悲しみと連帯と願い

この世の生活には、数々の悲惨や不幸や不正や恐怖がある。それは、ホルクハイマーの身にしみた体験であった。われわれ人間は有限なるものとして孤独であり、これらの苦悩にさらされ、死に直面しなくてはならない。しかしそこからこそ、人間の連帯性や連帯感も生まれる。マルクスはプロレタリアートの連帯を主張した。しかし、苦悩、不正、悲しみ、不正にさらされている人間は、それらがすべての人間に共通であることを感得し、ともに有限な存在として一つに結ばれるのである。その連帯は、単にプロレタリアートのみでなく、すべての人間に及ぶのである。

いわゆる宗教は、全能・至善の神の実在を信仰する。しかしそれは、数千年来この世界を支配した恐怖や悲惨に面して考えられたドグマである。恐怖や不幸や不正のみちみちているこの世に面して、われわれは、全知・全能・至善の神の実在を信ずることはできない。世の恐怖や不正に面して抱きうることは、このようなことが、最後の決定的なものであってはならない、究極のどうにもならぬものではないようにとの、悲しみをともにする有限者の願いである。古来からのいわゆる宗教的な信仰箇条は、まさにこのような願いの表現であり、それが「あこがれ」をよびおこすのである。不幸、悲惨、不正、恐怖のみちているこの世界を通して、われわれは、まったく別の他者にあこがれ、このあこがれへの内面的衝動に動かされ、よりよき生存、より苦悩の少ない、より恐怖や悲惨の少ない世界をめざすのである。そのような意味において、望ましいもの、変更さるべきものがその都度示されうるであろう。しかし、善そのもの、絶対的なものそのものが何であるかは、肯定的・積極的に示されえないのである。現実の不真実の仮借なき批判と「神の像はえがくべからず」という謙虚なユダヤ的伝統とは、ホルクハイマーないし批判理論の拠りどころであった。そしてそれが、「あこがれ」のもとづくところであった。

X 逝去によせて——新聞報道——

多彩な横顔とヒューマニスティックな人柄

学生蜂起の悲劇

一九六八年は、学生運動の吹き荒れた年であった。ホルクハイマーやアドルノ、さらにマルクーゼらは、学生、とくに革新的な学生や、学生運動指導者たちのアイドルであり、精神的・理論的支柱であった。単に学生だけではなく、革新系の学者・インテリや、労働運動指導者たちにも大きな影響を与えていた。当時の西ドイツ学生運動の一拠点がフランクフルト大学といわれ、その中心的指導者の多くが、ホルクハイマーやアドルノの教え子から出たということは、彼らの影響の大きさを物語っているといえよう。

しかし、この学生蜂起にあたって、ホルクハイマーやアドルノはこれに同調しないばかりか、それを警戒さえした。彼らが愛した学生たちは、いろいろな場で立ち上がらない師を批判し、彼らに抗議した。彼らが変革の哲学を教えておきながら立ち上がらないのは、結局裏切りであるとその責任や罪をとがめさえした。しかしホルクハイマーは、すでにとっくに定年退職して、ルガノ湖畔のモンタニョーラにいたため、学生蜂起の嵐を真正面に受けたのは、当時フランクフルト大学の正教授として、哲学・社会学の講座を担当していたアドルノであった。

ついに急進派の学生は、社会研究所に押しかけ、アドルノを攻撃した。アドルノはみずからの手で警官隊を導入し、学生に対抗するという悲劇を背負わねばならなかった。現実批判や徹底的否定をモットーにした彼が、逆に学生に批判され否定されねばならないという悲劇を。さらに一九六九年四月、戦闘的な数名の学生（そのなかには上半身裸の女子学生もいたといわれる）が、アドルノの講壇を襲った。

逝く近人の後を追って

心痛のアドルノは、スイスに逃れて休養中、八月、とつぜん心筋梗塞で六五歳の生涯を閉じた。

ホルクハイマーは、悲痛の思いで、親友であり同志であったアドルノの死を悼んで、葬送の辞を述べた。二人してファシズムに対して闘ったこと、ともにアメリカに亡命してドイツ文化を守ろうとしたこと、帰国後共同で批判理論としてつくりあげたものは、この社会情勢のもとで何が不正であり、何が変革さるべきかを知らせる、というにあったこと……。そしてホルクハイマーは、こういうのであった。「もしわれわれの時代に哲学者なるものが存在したとするなら、それはわが友アドルノであった」と。

アドルノの死後しばらくして、苦楽をともにした最愛の妻、ローザ＝リークへアも世を去った。さらに二人の後を追うかのごとく、年来の親友ポロックも、七〇年にこの世を後にした。思えば少年の頃以来、勉強において、商業の修業において、哲学書の読書において、兵役において、大学での研究において、アメリカ亡命と帰国において、さらにルガノ湖畔への移住にいたるまで、二人はいつもいっしょであった。
静かな生活をめざしたルガノ湖畔での生活も、報道関係のインタヴューや依頼された講演などで多忙であった。そして、定期検診のため入院していたニュルンベルクの病院で、一九七三年七月七日、とつぜんの心不全のため波乱の生涯を終えた。七八歳であった。七月一二日、ベルン-ヴァンクドルフのイスラエル墓地で、永遠の眠りについたのである。

新聞報道

フランクフルト、シュツットガルト、ルガノ、ニュルンベルクなど、故人に関係の深かった土地の新聞はもちろん、ドイツ、オーストリア、スイス、ベルギーなど各地の数多くの新聞や週刊誌などが、死を悼んで「ホルクハイマーの死に寄せて」の記事を大きく載せた。新聞のなかには、文芸欄の一ページを全部ホルクハイマーのために当てたものもあった。これらの記事の「見出し」をあげてみると、まずは、「一つの時代の終わり」「やむことなき探求者」「真実のための生活」といった、哲学的研究者としての彼の偉大さを讃えたものから、次は「フランクフルト学派の創設者」「批判理論の長」「批判理論の父」「啓蒙の弁証家」「市民的啓蒙家」「資本主義の批判家」「市民と革命家」「自己責任への洞察」「科学の自己反省を求めて」「あらゆるドグマの反対者」「理性を世界にもたらす」といった、彼の批判的・変革的姿勢に焦点を当てたもの、さらには「この世界は究極のものではない」「完全な正義へのあこがれ」「不正への憤り」「禁じられた彼方」「ユートピア的ペシミスト」「無神論と超越の間の哲学者」「有限者の連帯」「深くユダヤ主義に根ざして」……と、ペシミズム並びにいわゆる「あこがれ」論に焦点を当てたものに及んでいる。これらは、ホルクハイマーの持ついくつもの多彩な顔を示しているといえよう。

新聞の記事ないし論調は、こうした表題のもとで、彼の波乱の、しかし輝かしい経歴を、あるいは人柄を、あるいは思想を、あるいは学生運動との関連を、あるいはとりわけ晩年における宗教論を論述している。

ヒューマニスティックな人柄

わたし（筆者）は彼の人柄のなかに好々爺を見たのであったが、新聞の記事はそれを裏書きするように、温厚な姿をこう伝えている。彼は、誠実で暖かな心の持ち主で、絶えず人に気を使ってくれる友人ホルクハイマーであり、同時代のドイツの多くのプロフェソールのごとく身分についてうぬぼれることなく、およそ大学教授らしからぬプロフェソールであった。ホルクハイマーにふさわしいのは、哲学や理論ではなく、ペシミスティックにこの世の経過を、批判的にかつきわめて憂慮をもって追求し、それゆえに、世の人を愛するヒューマニスティックな姿勢であった。はげしい討論においても、相手をつねに尊敬すると

フランクフルト学派（V＝クリーゲル筆、後列中央がホルクハイマー、前列左からマルクーゼ、アドルノ、ハーバーマス）

いう愛すべき生活態度は、何か特別のものであった。きわめて慎重ながらも、力強い、いきいきとした講演者で、あらゆる種類の苦悩や抑圧と闘いながら最後まで自由に語り、相手を励まし勇気づけた。芸術や文化を愛し、小説や詩を書き、何よりもエッセイストであった。エレガントで、慇懃《いんぎん》で、社交的で、愛嬌のある、つねに親しく近づきやすい人柄。それでいて他面、同時に力強い父親像を持ち、一貫した情熱をもって人間存在がますます物化するのに闘った批判家・啓蒙家として、大きな魅力のある学者であり、世の教師であった。ごくありふれた市民にして革命家、啓蒙家にして神秘家、哲学者にして社会学者、進歩の擁護者にして批判家、そうした対立を消し去ることなく包括する立場、そこには古いユダヤ的予言者の何がしかが生きていた。しばしば挑発的な、先見の明のある思考はつねに強い反響を呼び、人々を引きつけた、と。

思索の根幹と内容の変遷

「思想」に関して「哲学の真の社会的機能は現存するものの批判にある」という批判理論の根本は変わらなかった。しかし、初期の変革的あるいは革命的批判家というとりわけマルクスの影響の強かった思想は、漸次マルクスをはなれて、改善家、自由主義者、さらには保守主義者の傾向をさえ見せはじめ、宗教論を口にすることが多くなった。多くの研究者、とりわけ若い人から再版を望まれながらも長らく絶版になっていた『社会研究誌』の彼の諸論文が、弟子のA＝シュミットの編集によって、一九六八年『批判理論』として再び世に出ることになった。その新刊の「序文」で、ホルクハイマーは再発行をためらった理由をこう述べている。著者（ホルクハイマー」は、責任を持ちうる思想のみをその都度公刊すべきだと確信している。ここに再び世に出ることになった以前の哲学的な試みは、今日、単にいっそう正確な表現を必要とするのみでなく、もはや直接に妥当しない経済的・政治的な考え方に支配されているのである。それらが現代に対して正当にどう関係するかは、洗練された反省を必要とする。著者の後ほどの作が、こうした反省に役立つのである。こうしたためらいにもかかわらず、著者がこの新しい発行に同意したのは、次のような希望によってである。すなわち、長らく新しい発行を求めて理解を深めようとしていた人たちが、矛盾を自覚して、不幸の阻止に寄与するであろうという希望である。第二次世界大戦後数年来、労働者がますます悲惨になっていく――そこからマルクスによれば労働者の蜂起が、革命が、自由の国への移行としてあらわれるはずであった――という考え方は、もう長らくにわたって、抽象的で幻想にすぎない古いものとなった。プロレタリアート的な革命的意志は、とっくに社会内在的な、現実にふさわしい活動へ移行した。少なくとも社会的意識上、プロレタリアートは体制に統合されている。マルクス－エンゲルスの説はもはや十分ではない。デモクラシーの理念の実現である社会主義は、弁証法的唯物論の国々にあっては、とっくに操作の道具へ倒錯した、と。

思想像のコメント

報道は、ホルクハイマー自身がこのように状況変化を口にするのを取りあげ、多くはこうした線にそって、次のように思想内容を論評する。そこには、西欧状況の反映も見られる。

ホルクハイマーの評価において、しばしば誤りがなされた。それは彼をマルクス主義的規準ではかるということである。彼は決してマルキストではなかった。たしかに彼は、はじめの頃、ショーペンハウアーとマルクスから強い影響を受けた。ショーペンハウアーからは不正な現実批判のうえで、そしてマルクスからは、その現実を変革するという点で、影響された。が彼は、母国を襲ったファシズムに対して、ナチズムに対して、そしてさらにスターリン主義に対して闘った。自由のために。自由を守ることとは、思想にたずさわる者の権利であり、義務であるというのである。しかしプロレタリアートは、マルクスのいうごとく、貧困化することはなかった。貧困化がプロレタリアートの蜂起と自由の国への移行をもたらすというマルクスの説は、ホルクハイマーによれば間違っていた。逆に彼は、プロレタリアートの富裕化を見たのである。しかし彼は、科学技術の進歩にもとづく後期資本主義のなかに、管理社会を見、そこに自由の新たな喪失、人間の無意義を見たのである。批判は管理社会へ向けられた。批判理論は、もはや革命を支持しなかった。というのも、ナチズムの崩壊後、西欧諸国においては革命はまた一つの新しいテロリズムにいたるであろうからである。スターリン的な残虐に面して、彼は革命家から、政治の手段としてのゲバルトを否定する改良家へと変わっていった。そしてそこに、どうにもならない管理社会を見たのである。科学技術の進歩の結果、たしかに個々人は物質的な心配なしに生きうるようになった。しかし完全に管理された自動的な機能を持つ社会のなかで、個々人の自律的主体というイデーは消え去り、人はもはや何の意味もない空しい存在と化し、自己の自律や能力の自由な展開は閉ざされている。テクノロジーのますますの増強にもとづく個人の無意義さと理性の道具化。彼は専門的白痴状況を批判し、科学の自己反省を訴える。徹底してネオ実証主義を批判し、それに対して身を守った。彼はマルクスの上に文化批判としてのニーチェをおき、マルクスよりもニーチェを好ましいと考えるようになる。こうして人類は、近代に例を見ない富裕にもかかわらず、また新たな野蛮状態に回帰する危険に脅かされている、と彼はいう。こうして、さらに彼の信奉者たちを啞然《あぜん》とさせたものは、以前の革命家であり、マルキストであると見なされていた彼を、保守主義者として印象づけた表現である。彼は法皇のピル回勅（ピル使用を否とする回勅）を擁護した。宗教の喪失を弾劾した。ユダヤ的神学への接近がますます明瞭にあらわれた。形而上学にも別れようとはしなかった。〔ある新聞はいう。〕ホルクハイマーの哲学的建物は、カント、フロイト、マルクス、すなわち啓蒙と深層心理的意識解明と正義の原理にもとづいている。そして、第四の支柱がユダヤ的伝統であった。ホルクハイマーのようなユダヤ人にとって、神学的な思想をまったく見逃すことは不可能であった。〔また、ある新聞はいう。〕とりわけ若者は、ホルクハイマーのなかに、マルクスによって影響された、連邦ドイツ資本主義の批判家を見た。そして、社会経済における自由主義的原理の信奉者、シュツットガルト織物工業者である父から教育されていた原理の信奉者である面を見逃した。さらに人は、彼の批判理論において、ただ変革をめざしたあの契機だけを見て、守る価値のあるものを守ろうとした面を見逃した。そして何よりも、ユダヤ主義が彼の思索において飛び越えることのできない意味を有することを配慮しなかった。

左右からの非難

このように新聞報道は、ホルクハイマーの思想内容をコメントしつつ、同時にとりわけ晩年の彼に寄せられた左右からの非難や抗議を伝え、それを論評している。

すなわち、右翼的市民からは、マルクス主義的ごまかしとして中傷された。多くの左翼的市民、とりわけ活動的な新左翼は、ペシミズム的あきらめ、市民的自由主義、そして観念論や管理社会論を、保守主義的裏切りとして非難した。六〇年代の終わりでの宗教論を、臨終の床での異端者の懺悔とさえ評した――ホルクハイマーは宗教的ドグマティズムの復権を弁護することは決してなかったにもかかわらず――。多くの科学者、実証主義者から非難攻撃を受けたことはいうまでもない。さらに、批判理論として当然予想される実践の前で、彼は飛びのいてしまう、との抗議にもさらされた。事実彼は、彼の思想の実践的・具体的機能化へは進まなかった……と、このように新聞は論評した。

学生運動とのかかわり

報道はさらに、一九六八年を山とする学生運動との関連を取りあげる。

戦後の学生たちに対するホルクハイマーの影響は、果てしないものであった。彼は、そしてフランクフルト学派は、西ドイツの学生運動に理論的根拠を与えた。まさにこの学派は、学生運動の理論の一中心となったのである。戦後の科学的技術革命にもとづく、高度経済成長の管理的抑圧機構に合わせることのできないインテリや若い学生たちは、ホルクハイマー初

学生のデモ

期のマルクス主義的批判理論を再発見することによって、自由を求めて管理的官僚主義に抗したのである。アドルノやマルクーゼの著作と並んで、ホルクハイマー初期の著作の海賊版が流通するにいたった。研究所の建物には、ホルクハイマーの以前の作のブルジョア批判に関する一節が、吹きつけられた。学生たちは、フランクフルト学派に基礎づけられたヒューマニズムを旗じるしに、アメリカの攻撃に対抗するヴェトナム民族の支持を訴えてデモをした。が、アドルノやホルクハイマーは、立ちあがらなかった。アドルノは、このせっかちな行動主義に対して悲嘆にくれた。ホルクハイマーは、勇敢にも「見通しなき行動」とよんだ。ホルクハイマーは、労働者階級の役割を、単に帝国主義的ファシズムを防ぐことにおいてのみ見、全く新しい、正しい社会秩序をつくることにおいては見なかった。今、高度経済成長の現状においては、革命は再び全体主義的体制を生み出さざるを得ないと考えた。むしろ批判理論を養成するアカデミーの設立を構想していたのである。さらに晩年、超越や宗教や自由主義を口にし、かつての批判理論の再発行にためらいと弁明をするにいたっては、学生にとってまさに裏切りであった。ホルクハイマーやアドルノは学生運動の父としてたてまつられ、そして今裏切りとして非難され、憎まれた。ホルクハイマーは、こうした非難攻撃を平然と耐えしのんだ。根底から彼の著作を研究して解釈する少数の人、たとえば、彼の後継者であるA＝シュミットのごとき人を信じつつ。〔ある新聞はいう。〕人は時おり彼を誤解し、間違って利用し、間違って解釈した――そのことは問題提供者、ソクラテスにも起こった。ホルクハイマーは、まさにソクラテスの後継のなかに立っていた。

宗教論について

ほとんどの新聞が問題にしたのは、何といっても、晩年の宗教論、いわゆる「あこがれ」論である。ホルクハイマーの晩年において、合理的に基礎づけることのできない他者へのあこがれ、絶対他者への郷愁的なあこがれの表現が、ますます見られるようになった、というのである。神託的な調子が彼の論のなかへしのびより、神学的・形而上学的色あいの思考像が、彼の演説を支配するようになった、というのである。すでに述べた「絶対他者へのあこがれ」論は、一九七〇年、『シュピーゲル』誌の企てとして行われたグムニオールとのインタヴューであるが、彼はニュルンベルクの病院に入院中、新聞社のインタヴューに応じたようである。彼はそうしたインタヴューにおいて、また定年退職後の講演において、すでに述べたごとく、この地上において起こるもの、虚偽や不正や恐怖や悪は究極のものではなく、したがってほかのもの、すなわち完全な真実、正義、善があこがれとして考えられる、とした。こうして、あこがれの表現としての宗教の権利やその必要性に言及した。彼にとって宗教は、決してマルクスのいうごときアヘンではなかった。しかし彼は、ユダヤ的伝統にもとづいて、絶対他者＝神が合理的な概念においても、像としてもとらえられえないことを強調し固執した。つまり、ドグマとしての宗教や神の排除である。われわれはこの世の不正や偽りや悪を言いあらわすことはできるが、絶対に正しいものや善や真実を論理的にいいあらわすことはできない、と。こうして、歴史や現実と批判的にかかわることは、彼の意識に消すことのできない悲しみを付加したのである。批判とそれにともなう有限の悲しみ、それがホルクハイマーの哲学の内部にあって、思索を動かしていたモチーフであったといえよう。神の正義や善が、ドグマとしてでなく、この世の苦悩を苦悩し、不真実を悲しむことのできる人のあこがれとして求められるとき、宗教的・神学的心情はその基礎を保持しうるのである。

報道は、このように彼の「あこがれ」としての宗教論を伝えた後、ある新聞は次のようなコメントを付加する。

彼は、晩年において父たちの宗教へ帰った。ある人はこの宗教への転換を老境のせいにして片づけようとした。またある人は、この転向を神秘的として笑いものにしようとした。宗教をアヘンとするマルクス主義的学生にとっては裏切りでさえあった。しかし（――と報道はホルクハイマーの宗教的・神学的姿勢を弁護する――）かつてマルクス主義的思想家して学生運動のアイドルであったホルクハイマーは、本来あの無神論的立場からは、どれほどか遠ざかっていた。そのあかしとして、すでに一九三五年、当時なお唯物論に動かされていたなかにあって、『社会研究誌』に「宗教論」

を書いている。――「人類はその道程上で宗教を喪失する。しかしこの喪失は、人類において、跡形もなく過ぎ去るものではない。……実際に自由な心情においては、あの無限の概念は、地上的な生起が決定的なものとして取り消せないという意識として、また人間が変わることのない見捨てられた存在であることの意識として保持されており、それが社会をばかげた楽観論から、また社会自身の知を新しい宗教としてひろげることから守るのである」と。歴史を支配してやまない不正と苦悩、しかしそれを究極のものと考えることのできないホルクハイマーは、そこに有限者のあこがれとしての無限を見たのである。人間社会の困窮のなかにあって、管理社会のワクのなかにあって、そこから脱け出る真の自由にあこがれたのである。その超越はもちろんドグマティズム（独断論）ではないし、それであってはならない。この、見捨てられた人間――そこから彼のヒューマニズムも由来する――の超越へのあこがれ、そしてあらゆるドグマ的なものに対する彼の敵対、それはホルクハイマーの人格、彼の思索の根幹をなす代表的な面であった。とするならば（――とある新聞のコメントはいう――）ホルクハイマーにとって宗教的な心情に関するアクセントの置きかえはあったにしても、宗教的なものへの転換は存しなかったのである。幼少から育てられた自由主義的な心情とユダヤ教的宗教心情とは、深層心理として根づいていたといえるのではなかろうか。

あとがき

掲載した写真は、大部分、H＝グムニオール（Helmut Gumnior）、R＝リンググート（Rudolf Ringguth）の*"Horkheimer"*（ROWOHLT 双書の一冊）およびW＝ライエン（W. von Reijen）、G＝ノエル（G. Schmid Noerr）編の*"Grand Hotel Abgrund"*に拠ったことをことわっておく。

なお、「新聞報道」に関しては、フランクフルト学派の研究をめざして、フランクフルト大学に留学中の、日山紀彦氏のご尽力によるものである。フランクフルトの市立兼大学図書館には、「マックス＝ホルクハイマー、アルヒーフ」があり、そこには、ホルクハイマーに関する膨大な諸資料が集められているとのこと。日山氏は、そこに集められている、ホルクハイマー逝去時の彼に関する新聞記事をコピーして送ってくれたのである。フランクフルト学派に関係した人たちの写真伝記集である*"Grand Hotel Abgrund"*も、彼の送ってくれたものである。

また、河上睦子さんには、コピーその他でいろいろお世話になった。

日山、河上のお二人に心からお礼を申し上げる。

一九九一年一月

ホルクハイマー年譜

西暦	年齢	年譜	参考事項
一八九五		2・14、ツッフェンハウゼン（今日のシュツットガルトの郊外）で、ユダヤ人の有力な織物製造業者モーゼスの子として生まれる。	
一九〇三	8		アドルノ生まれる。
一一	16	ギムナジウムを六学年で中退。生涯の友、フリードリヒ＝ポロックと知り合う。二人でイプセン、トルストイ、ストリンドベリ、ゾラなどを読む。	
一三	17	外国（ブリュッセル）で、ポロックとともに、商売の見習い修業をする（～一四年まで）。二人で、スピノザの『エティカ』、カントの『純粋理性批判』、ショーペンハウアーの『処世訓箴言』などを読む。	
一四	19	ツッフェンハウゼンに帰る。	フランクフルト大学（ゲーテ大学）設立。 第一次世界大戦勃発。
一六	21	父の秘書、ローザ＝クリスティーネ＝リークヘア（二九	

一九一八	23	歳）と相愛関係になる。 兵役につく。	ドイツ一一月革命。 第一次世界大戦終結。
一九	24	ミュンヘンでギムナジウムのアビトゥーア（卒業試験）に合格。二二年まで、ミュンヘン、フランクフルト、フライブルクで勉強。フッサール、ハイデッガーと出会う。	
二〇	25	マルクスに関心をもち、その著を読みはじめる。	
二一	26	ハンス＝コルネリウスのフッサールに関するゼミナールでアドルノと出会い、生涯にわたる知的友情がはじまる。フェリックス＝ヴァイルと知りあう。	
二二	27	フランクフルト大学のハンス＝コルネリウスのもとで、「目的論的判断力のアンティノミーについて」により博士号を取る。 二五年まで、コルネリウスのもとで助手をつとめる。	
二三	28		2・3、社会研究所創立。カール＝グリュンベルクが所長となることに決定。
二四	29		六月、研究所の建物竣工。

			七月、開所式。グリュンベルク、ウィーンから着任。
一九二五	30	フランクフルト大学で、「理論哲学と実践哲学との連結環としてのカント判断力批判」により教授資格取得。	
二六	31	フランクフルト大学私講師（～三〇年まで）。 ローザ＝クリスティーネ＝リークヘアと結婚。	
二七	32		グリュンベルク、卒中でたおれる（三年後、七〇歳で所長を退職）。
二八	33		アドルノ、研究所に接触。 ベンヤミン『ドイツ悲劇の根源』
三〇	35	フランクフルト大学ではじめての社会哲学正教授となる（六月）。市民的歴史哲学の開始。社会研究所所長に就任。	
三一	36	1・24（誕生日前二一日）、正教授並びに研究所所長の公的な就任講義。	ジュネーヴ、ロンドン、パリに研究所の支所を設ける。 ナチズムの台頭のため、研究所の基金をオランダに移す。

一九三二	37		『社会研究誌』創刊（ライプツィヒ）。 ヘルベルト＝マルクーゼ、研究所へ加入する。
三三	38	二月、スイスのジュネーヴへ逃亡する。 教授資格を取り消される。 研究所閉鎖、研究所並びに蔵書六万巻が押収される。	ヒトラー内閣成立。 研究所、ジュネーヴへ移転。 研究誌、パリで発行。
三四	39	アメリカへ亡命、ニューヨークに落ち着く。コロンビア大学で研究所設立。	ヒトラー、総統となる。
三五	40		ベンヤミン、パリにおける研究所の共働者となる。
三六	41	共同研究『権威と家族に関する研究』	
三七	42	「伝統的理論と批判理論」	
三八	43	ヨーロッパへの旅、ベンヤミンと会う。 アドルノをニューヨークへ招く（二月）。	アドルノ、研究所に専任所員として参加。
三九	44		第二次世界大戦はじまる。
四〇	45	ニューヨークからカリフォルニアへ移住。	ベンヤミンは、ホルクハイマーが与えたヴィザによって、九月、フランスからア

一九四一	46	南カリフォルニアでポロック、アドルノと合流。アドルノと、『啓蒙の弁証法』の共同労作にあたる。	メリカへ向かう途中、フランス・スペイン国境で自殺する。『社会研究誌』最終号、ニューヨークで発行。
四二	47	「権威主義的国家」	
四三	48	アメリカ・ユダヤ人協会科学部長（四四年まで）。	
四五	50	ニューヨークへ帰る。	ドイツ軍、無条件降伏。日本、無条件降伏。第二次世界大戦終結。
四七	52	『理性の腐蝕』『啓蒙の弁証法』（アドルノと共著）	
四九	54	『偏見の研究』五巻の研究長兼編集者をつとめる。秋、ポロック、アドルノとともにドイツへ帰還。フランクフルト市の熱狂的歓迎を受ける。	
五〇	55	フランクフルト大学正教授に復職する。	フランクフルトに「社会研究所」再建。
五一	56	フランクフルト大学学長就任（五三年まで二年間、ドイツ大学史における最初のユダヤ人学長として）。	

一九五二	57	アメリカ市民権、生涯にわたり保証される（七月）。	
五三	58	学長をやめた彼に、フランクフルト市が「ゲーテ-プラケッテ」（ゲーテ牌）をおくる。	
五四	59	シカゴ大学客員教授となる（五九年まで）。	
五九	64	定年退官。スイス、ルガノ湖畔のモンタニョーラへ転居する。	
六〇	65	フランクフルト名誉市民。	
六七	72	『道具的理性批判』（『理性の腐蝕』のドイツ語訳）	
六九	74		アドルノ死去。 ローザ＝リークヘア死去。
七〇	75		ポロック死去。
七一	76	ハンブルク市の「レッシング賞」を受ける。	
七三	78	7・7、ニュルンベルクの病院にて心不全で死去、ベルンのイスラエル墓地に眠る。	

参考文献

●ホルクハイマーの著作の翻訳

『哲学の社会的機能』(「哲学の社会的機能」「伝統的理論と批判理論」「哲学と批判的理論」などの諸論を所収) 久野収訳 ——— 晶文社 一九七四

『権威主義的国家』(「権威主義的国家」「理性と自己保持」「ファシズム体制とユダヤ人」「ショーペンハウアー論」などの諸論を所収) 清水多吉訳 紀伊國屋書店 一九七五

『理性の腐蝕』 山口祐弘訳 ——— せりか書房 一九八七

『啓蒙の弁証法——哲学的断想』 徳永恂訳 ——— 岩波書店 一九九〇

『道理的理性批判II——権威と家族』 清水多吉訳 ——— イザラ書房 一九七〇

●ホルクハイマーを理解するための参考文献

『フランクフルト学派』 A=シュミット著、生松敬三訳 ——— 青土社 一九七五

『弁証法的想像力』 M=ジェイ著、荒川幾男訳 ——— みすず書房 一九七五

『ホルクハイマー』 H=グムニオール、R=リンググード著 ——— ROWOHLT 双書

『歴史的理性批判序説』 久野収著 ——— 岩波書店 一九七七

『現代批判の哲学』 徳永恂著 ——— 東京大学出版会 一九七九

『ヘーゲルとフランクフルト学派』 谷喬夫著 ——— 御茶の水書房 一九八二

『アドルノとその周辺』 小牧治著 ——— 御茶の水書房 一九八四

『一九三〇年代の光と影』 清水多吉著 ―――――― 河出書房新社 一九八六

※なお、ホルクハイマーの独文全集は、A＝シュミットやG＝SCH＝ノエルらの編集で、S＝フィシャー社（S.Fischer）から出版されている。

さくいん

【人　名】＊は作中人物

【事　項】

ホルクハイマー■人と思想108　　定価はカバーに表示

1992年12月15日　第1刷発行©
2014年9月10日　新装版第1刷発行©

・著　者 ……………………………………小牧《こまき》　治《おさむ》
・発行者 ……………………………………渡部　哲治
・印刷所 ……………………………………広研印刷株式会社
・発行所 ……………………………………株式会社　清水書院

〒102-0072　東京都千代田区飯田橋3-11-6
Tel・03(5213)7151～7
振替口座・00130-3-5283
http://www.shimizushoin.co.jp

検印省略
落丁本・乱丁本は
おとりかえします。

CenturyBooks　　Printed in Japan
ISBN978-4-389-42108-3